Normas gerais de direito tributário

volume 2

Central de Qualidade — FGV Management
ouvidoria@fgv.br

SÉRIE DIREITO TRIBUTÁRIO

Normas gerais de direito tributário

volume 2

Joaquim Falcão
Sérgio Guerra
Rafael Almeida
Organizadores

Direitos desta edição reservados à
EDITORA FGV
Rua Jornalista Orlando Dantas, 37
22231-010 | Rio de Janeiro, RJ | Brasil
Tels.: 0800-021-7777 | 21-3799-4427
Fax: 21-3799-4430
editora@fgv.br | pedidoseditora@fgv.br
www.fgv.br/editora

Impresso no Brasil | *Printed in Brazil*

1ª edição — 2016

Preparação de originais: Sandra Frank
Editoração eletrônica: FA Studio
Revisão: Aleidis de Beltran | Paulo Guilbaud
Capa: aspecto:design

Ficha catalográfica elaborada pela
Biblioteca Mario Henrique Simonsen/FGV

Normas gerais de direito tributário, v. 2 / Organizadores. Joaquim Falcão, Sérgio Guerra, Rafael Almeida. – Rio de Janeiro : FGV Editora, 2016.
264 p. — (Direito tributário (FGV Management))

Publicações FGV Management.
Inclui bibliografia.
ISBN: 978-85-225-1723-7

1. Direito tributário. I. Falcão, Joaquim, 1943- . II. Guerra, Sérgio, 1964- . III. Almeida, Rafael. IV. Fundação Getulio Vargas. V. FGV Management. VI. Série.

CDD — 341.39

Nossa missão é construir uma Escola de Direito referência no Brasil em carreiras públicas e direito empresarial, formando lideranças para pensar o Brasil no longo prazo e ser referência no ensino e na pesquisa jurídica para auxiliar o desenvolvimento e o avanço do país.

FGV DIREITO RIO

Sumário

Apresentação

Aliada à credibilidade de mais de meio século de excelência no ensino de economia, administração e de outras disciplinas ligadas à atuação pública e privada, a Escola de Direito do Rio de Janeiro da Fundação Getulio Vargas – FGV Direito Rio – iniciou suas atividades em julho de 2002. A criação dessa nova escola é uma estratégia da FGV para oferecer ao país um novo modelo de ensino jurídico capaz de formar lideranças de destaque na advocacia e nas carreiras públicas.

A FGV Direito Rio desenvolveu um cuidadoso plano pedagógico para seu Programa de Educação Continuada, contemplando cursos de pós-graduação e de extensão. O programa surge como valorosa resposta à crise do ensino jurídico observada no Brasil nas últimas décadas, que se expressa pela incompatibilidade entre as práticas tradicionais de ensino do direito e as demandas de uma sociedade desenvolvida.

Em seu plano, a FGV Direito Rio assume o papel de formar profissionais preparados para atender às reais necessidades e expectativas da sociedade brasileira em tempos de globalização. Seus cursos reforçam o comprometimento da escola em inserir no mercado profissionais de direito capazes de lidar com áreas interdisciplinares, dotados de uma visão ampla das questões jurídicas e com sólidas bases acadêmica e prática.

A Série Direito Tributário é um importante instrumento para difusão do pensamento e do tratamento dado às modernas teses e questões discutidas nas salas de aula dos cursos de MBA e de pós-graduação, focados no direito tributário, desenvolvidos pela FGV Direito Rio.

Dessa forma, esperamos oferecer a estudantes e advogados um material de estudo que possa efetivamente contribuir com seu cotidiano profissional.

Introdução

Este volume, dedicado ao estudo de normas gerais de direito tributário, tem origem em profunda pesquisa e sistemática consolidação dos materiais de aula acerca de temas que despertam crescente interesse no meio jurídico e reclamam mais atenção dos estudiosos do direito. A intenção da Escola de Direito do Rio de Janeiro da Fundação Getulio Vargas é tratar de questões atuais sobre o tema, aliando a dogmática e a pragmática jurídicas.

A obra aborda, de forma didática e clara, os conceitos e princípios de normas gerais de direito tributário, analisando as questões em face das condições econômicas do desenvolvimento do país e das discussões recentes sobre o processo de reforma do Estado.

O material aqui apresentado abrangerá assuntos relevantes, como:

- suspensão;
- extinção; pagamento; pagamento indevido; consignação em pagamento;
- extinção; compensação; transação; remissão; dação em pagamento;

- extinção; prescrição e decadência;
- exclusão;
- garantias e privilégios; e
- administração tributária; certidões; fiscalização.

Em conformidade com a metodologia da FGV Direito Rio, cada capítulo conta com o estudo de *leading cases* para auxiliar na compreensão dos temas. Com ênfase em casos práticos, pretendemos oferecer uma análise dinâmica e crítica das normas vigentes e sua interpretação.

Esperamos, assim, fornecer o instrumental técnico-jurídico para os profissionais com atuação ou interesse na área, visando fomentar a proposição de soluções criativas para problemas normalmente enfrentados.

1 Suspensão

Roteiro de estudo

Considerações preliminares:
causas suspensivas da exigibilidade do crédito tributário

As causas de suspensão da exigibilidade do crédito tributário estão previstas e disciplinadas nos arts. 151 a 155-A do Código Tributário Nacional (CTN), instituído pela Lei nº 5.172/1966:

> Art. 151. [...]
> I - moratória;
> II - o depósito do seu montante integral;
> III - as reclamações e os recursos, nos termos das leis reguladoras do processo tributário administrativo;
> IV - a concessão de medida liminar em mandado de segurança;
> V - a concessão de medida liminar ou de tutela antecipada, em outras espécies de ação judicial;
> VI - o parcelamento.

Sendo certo que a causa suspensiva de exigibilidade interrompe a possibilidade de o ente tributante prosseguir com a exigência do crédito, ou seja, impede-se que este prossiga na cobrança do referido crédito tributário.

Por exigibilidade havemos de compreender o direito que o credor (fisco) tem de postular, efetivamente, o objeto da obrigação do contribuinte, isto é, depois de todas as providências necessárias à constituição da dívida com o ato de lançamento tributário.

Assim, se a causa suspensiva da exigibilidade ocorrer antes da fase de cobrança judicial, a Fazenda Pública fica obstada de promover qualquer ato material tendente a inscrever o *quantum* em dívida ativa, bem como de ajuizar a execução fiscal.

Luciano Amaro[1] assim define a suspensão da exigibilidade do crédito tributário:

> O que se suspende, portanto, é o *dever de cumprir a obrigação tributária*, ou porque o prazo para pagamento foi prorrogado ou porque um litígio se esteja instaurando sobre a legitimidade da obrigação, e esse litígio seja acompanhado de alguma medida que impede a prática de atos do sujeito ativo no sentido de exigir o cumprimento da obrigação.

Leandro Paulsen,[2] por seu turno, consigna:

> [...] veda a cobrança do respectivo montante do contribuinte, bem como a oposição do crédito ao mesmo [...]. A suspensão da

---

[1] AMARO, Luciano. *Direito tributário brasileiro*. 14. ed. rev. São Paulo: Saraiva, 2008. p. 378, grifo nosso.

[2] PAULSEN, Leandro. *Direito tributário*: Constituição e Código Tributário à luz da doutrina e da jurisprudência. 13. ed. rev. e atual. Porto Alegre: Livraria do Advogado, 2011. p. 1090.

exigibilidade, pois, afasta a situação de inadimplência, devendo o contribuinte ser considerado em situação regular.

Vale ressaltar, inclusive, que durante o tempo de eficácia de uma causa suspensiva, o sujeito passivo (contribuinte ou responsável) pode obter sua certidão de regularidade fiscal (art. 205, *caput*, c/c art. 206, ambos do CTN) que, nesse caso, será uma *certidão positiva com efeito de negativa* (CPEN),[3] sendo certo que a causa suspensiva de exigibilidade afasta a possibilidade de o ente tributante prosseguir com a exigência do crédito, ou seja, impede-se que este prossiga na cobrança do referido crédito tributário.

Outra característica da causa suspensiva e que merece destaque é a circunstância de que, conforme o art. 151, parágrafo único, do CTN, mesmo estando suspensa a exigibilidade do crédito, o contribuinte ou responsável não está dispensado do cumprimento das obrigações acessórias relacionadas àquela obrigação principal.

Exemplificando, mesmo subsistindo uma decisão liminar isentando do pagamento de determinado tributo, posto que entende indevido em determinada operação, deve o contribuinte cumprir normalmente com suas obrigações instrumentais de informação ao fisco acerca da existência daquele tributo como se devido fosse. Como esclarece Rosa Jr.:[4]

---

[3] CTN: "Art. 205. A lei poderá exigir que a prova da quitação de determinado tributo, quando exigível, seja feita por certidão negativa, expedida à vista de requerimento do interessado, que contenha todas as informações necessárias à identificação de sua pessoa, domicílio fiscal e ramo de negócio ou atividade e indique o período a que se refere o pedido. [...] Art. 206. Tem os mesmos efeitos previstos no artigo anterior a certidão de que conste a existência de créditos não vencidos, em curso de cobrança executiva em que tenha sido efetivada a penhora, ou cuja exigibilidade esteja suspensa".

[4] ROSA JR., Luiz Emygdio F. da. *Manual de direito financeiro e tributário*. 18. ed. Rio de Janeiro: Renovar, 2005. p. 607.

> A suspensão da exigibilidade do crédito tributário só afeta a obrigação tributária principal, pelo que o contribuinte não fica dispensado do cumprimento das obrigações acessórias dela dependentes ou dela consequentes (CTN, art. 151, parágrafo único), porque a obrigação acessória é autônoma em relação à obrigação principal. Além do mais, as obrigações tributárias acessórias consistem em deveres instrumentais do sujeito passivo e são estabelecidos pela legislação tributária no interesse da administração pública, tanto que, mesmo nos casos de imunidade e de isenção, o contribuinte não fica dispensado do seu cumprimento (CTN, art. 9º, § 1º, parte final, e art. 175, parágrafo único).

Como mencionado, durante a eficácia de uma causa suspensiva, a Fazenda Pública está obstada de prosseguir com os atos de cobrança (ou mesmo ajuizar a execução fiscal, se a causa suspensiva ocorrer antes do processo judicial), mas e se o crédito tributário não tiver sido lançado anteriormente à referida suspensão? Poderá o fisco lançá-lo ainda assim?

É assente na doutrina[5] e na jurisprudência[6] o fato de que a suspensão da exigibilidade do crédito tributário, em regra, não tem o condão de impedir sua constituição pelo fisco, ou seja, não impede que seja promovido o ato de lançamento do tributo com a exigibilidade suspensa. Isso porque a decadência não se suspende ou se interrompe e, nesse sentido, a Fazenda deve constituir o crédito para evitar que esta ocorra e haja extinção na forma do art. 156 do CTN.

Cláudio Carneiro[7] traz mais um fundamento sobre a possibilidade de a Fazenda proceder ao lançamento:

---

[5] Por todos que sustentam tal entendimento, ver: PAULSEN, Leandro. *Direito tributário*, 2011, op. cit., p. 1090.

[6] BRASIL. Superior Tribunal de Justiça. REsp nº 787396/RS. Primeira Turma. Relator: ministro Teori Albino Zavascki. Julgamento em 5 de maio de 2009. *DJe*, 18 maio 2009.

[7] CARNEIRO, Cláudio. *Processo tributário (administrativo e judicial)*. 4. ed. São Paulo: Saraiva, 2013a. p. 156.

> Temos, ainda, um fundamento próprio sobre o tema, que vem a corroborar a possibilidade de o Fisco efetuar o lançamento, qual seja o art. 63 da Lei n. 9.430/96 e o art. 86 do Decreto n. 7.574/2011. Nesse sentido, temos que quando o juiz defere uma liminar ou uma antecipação de tutela, ele a concede com base em uma cognição sumária, pois analisa apenas a presença dos requisitos para a sua concessão, sem entrar na análise de mérito. Posteriormente, com o objetivo de julgar o mérito da causa, através de uma cognição exauriente o juiz entende que não assiste razão ao contribuinte e julga improcedente o pedido, revogando a medida liminar concedida. Nesse caso, entender que a Fazenda estaria impedida de efetuar o lançamento permitiria que a decisão proferida em sede de cognição sumária prevalecesse sobre a decisão exauriente, já que a ocorrência da decadência fulminaria o próprio crédito, não restando mais nenhuma alternativa de cobrança para a Fazenda, pois a decadência extingue o crédito tributário, na forma do art. 156 do CTN.

Vejamos um exemplo prático: cabe ao fisco o poder/dever de lançar o ISSQN diante da hipótese de estar em vigência, em sede de antecipação de tutela, decisão judicial em que se reconhece a não incidência de ISSQN sobre a atividade de locação de bens móveis (automóveis, por exemplo). Contudo, o referido lançamento permanecerá com sua exigibilidade suspensa até o desfecho da referida ação judicial, isto é, cabe ao fisco mensurar e apurar o ISS "devido", mesmo que não possa cobrá-lo enquanto perdurar a decisão judicial provisória.

No que tange aos reflexos das causas suspensivas à contagem dos prazos decadencial e prescricional, entende-se:

> A suspensão da exigibilidade do crédito tributário implica em que também *fiquem suspensos os prazos de prescrição (art. 151, IV; art. 155, parágrafo único e art. 174, todos do CTN), mas não*

os da decadência, insuscetível de suspensão ou interrupção, o que representa mais um argumento favorável ao lançamento do crédito objeto de depósito ou de liminar em mandado de segurança, ato pelo qual a Fazenda Pública evita a caducidade do seu direito.[8]

Exemplo mais comum: enquanto perdurarem os recursos na fase administrativa, por questão lógica, não fluirá o prazo prescricional para a Fazenda propor a execução fiscal.

As hipóteses podem ocorrer no âmbito administrativo apenas, na esfera judicial unicamente ou mesmo serem comuns a ambas as searas. Quando a causa suspensiva tem sua gênese na vontade do próprio ente tributante (moratória e parcelamento), por óbvio, está adstrita ao campo administrativo. No que tange ao contribuinte – que pode manifestar sua irresignação nas duas esferas – o esquema abaixo ilustra bem a posição de cada uma delas:

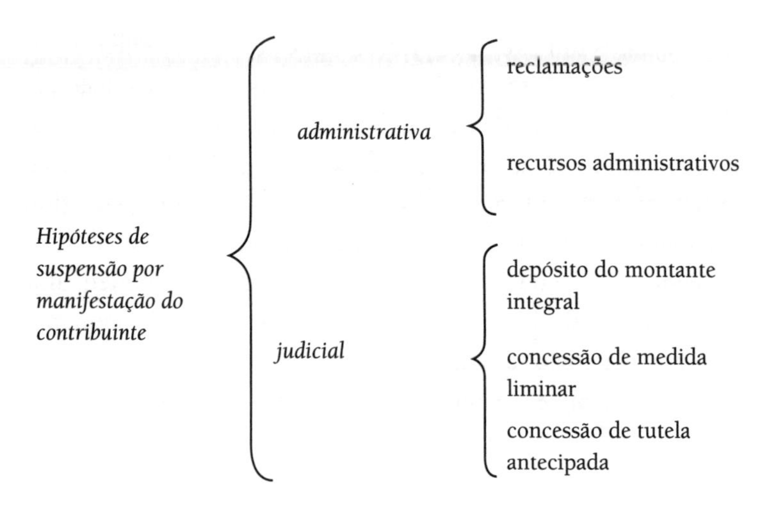

[8] TORRES, Ricardo Lobo. *Curso de direito financeiro e tributário*. 11. ed. atual. Rio de Janeiro: Renovar, 2004. p. 282, grifo nosso.

É importante esclarecer que a moratória e o parcelamento carecem de lei para que o contribuinte possa requerer sua aplicação.

Um último questionamento em sede de considerações preliminares merece ser enfrentado, qual seja: o rol previsto no art. 151 do CTN é taxativo ou exemplificativo?

Fato é que se interpretarmos o art. 151 c/c art. 141, ambos do CTN, podemos concluir que o rol é taxativo, no sentido de que apenas lei complementar, como o próprio CTN[9] o é – diploma indutor de normas gerais – poderia dispor sobre a suspensão da exigibilidade do crédito tributário. Essa é, inclusive, a linha atual do Superior Tribunal de Justiça:[10]

> PROCESSUAL CIVIL. AGRAVO REGIMENTAL NA MEDIDA CAUTELAR. PRETENDIDA SUSPENSÃO DA EXIGIBILIDADE DO CRÉDITO TRIBUTÁRIO MEDIANTE OFERECIMENTO DE CARTA DE FIANÇA BANCÁRIA. IMPOSSIBILIDADE JURÍDICA DO PEDIDO. INDEFERIMENTO LIMINAR DA MEDIDA CAUTELAR. DESPROVIMENTO DO AGRAVO REGIMENTAL. 1. A requerente vem pleitear, perante esta Corte Superior, a concessão de medida cautelar para suspender a exigibilidade do crédito tributário em discussão nos autos principais do mandado de segurança, autos nos quais houve a interposição do recurso especial. [...] *Ocorre que essa hipótese – prestação de fiança bancária – não se encontra prevista no art. 151 do Código Tributário Nacional, cujo rol, aliás, é taxativo. Por outro lado, ao mandado de segurança não se aplica o disposto no art. 15, I, da*

[9] O CTN é formalmente lei ordinária, já que à época da sua promulgação inexistia a figura de lei complementar; todavia é considerado à luz da CRFB/1988 como recepcionado materialmente como lei complementar, conforme reiterado entendimento da Suprema Corte.

[10] BRASIL. Superior Tribunal de Justiça. AgRg na MC nº 14.946/RJ. Relatora: ministra Denise Arruda. Primeira Turma. Julgamento em 20 de novembro de 2008. *DJe*, 9 fev. 2009, grifo nosso.

Lei de Execuções Fiscais. Logo, é juridicamente impossível o pedido de suspensão da exigibilidade do crédito tributário mediante oferecimento de carta de fiança bancária.
2. Agravo regimental desprovido.

Passemos, então, à apreciação de cada uma das hipóteses elencadas no referido art. 151 do CTN.

Moratória

Prevista no art. 151, I, do CTN, a moratória – concedida apenas pelo sujeito ativo da relação tributária (credor) – tem o condão de alargar o prazo para o cumprimento da obrigação tributária, ou seja, prorroga o prazo para que o contribuinte (devedor) pague sua dívida.

É de se notar, consoante a lição de Rosa Jr.,[11] que a moratória é medida excepcional, já que a regra é a de que, "ocorrendo o fato gerador, o contribuinte é obrigado a satisfazer a prestação tributária, sob pena de incidir nas sanções estabelecidas na lei".

Nessa linha, a moratória somente deve ser concedida se existirem razões de extrema relevância que justifiquem a dilação do prazo para a realização do pagamento do tributo, por exemplo, nas palavras de Ricardo Lobo Torres,[12] nos "casos de calamidade pública, enchentes e catástrofes que dificultem aos contribuintes o pagamento dos tributos", encontrando também "justificativa nas conjunturas econômicas desfavoráveis a certos ramos de atividade".

Regra geral, a moratória somente abrange os créditos já devidamente constituídos até a data da lei ou do despacho que

[11] ROSA JR., Luiz Emygdio F. da. *Manual de direito financeiro e direito tributário*, 2005, op. cit., p. 608.
[12] TORRES, Ricardo Lobo. *Curso de direito financeiro e tributário*, 2004, op. cit., p. 283.

a conceder (créditos vencidos), ou ainda daqueles lançamentos que já tenham sido iniciados naquela data e regularmente notificados ao sujeito passivo (art. 154, *caput*, do CTN) e embora seja óbvio, o parágrafo único do referido art. 154 do CTN prevê que estão excluídos da concessão da moratória aqueles que, para obtê-la, agirem com dolo, fraude ou simulação.

O instituto da moratória situa-se no campo da reserva legal, conforme o disposto no art. 97, VI, do CTN, fato que se justifica, como bem assinala Paulo de Barros Carvalho,[13] pela existência de questão de interesse público, já que a regra é a de indisponibilidade do crédito público e, nesse sentido, reclama a observância do princípio da legalidade estrita em matéria tributária.

O art. 153 do CTN ainda estipula que a moratória obrigatoriamente deverá ser concedida por prazo determinado.

É de se notar que, embora se exija lei em sentido formal como condição para a concessão da moratória, não se requer que esta seja uma lei específica para tratar do assunto, *ex vi* do art. 150, § 6º, da CRFB/1988, porque tal dispositivo normativo "não elenca a moratória em seu rol. Tampouco constitui a moratória renúncia de receita, já que o crédito objeto de lançamento é inatingível com a concessão da moratória".[14]

O CTN contempla duas espécies de moratória. A primeira de caráter geral (art. 152, I, "a" e "b"), que decorre diretamente da lei, e a segunda de caráter individual (art. 152, II), que depende de autorização legal e é concedida mediante despacho da autoridade administrativa competente, após a verificação do atendimento dos requisitos exigidos.

---

[13] CARVALHO, Paulo de Barros. *Curso de direito tributário*. 9. ed. rev. São Paulo: Saraiva, 1997. p. 278.

[14] CARNEIRO, Cláudio. *Curso de direito tributário e financeiro*. 4. ed. São Paulo: Saraiva, 2013b. p. 723.

Moratória de caráter geral

Sua concessão poderá estar delimitada a certas regiões do território ou a determinada classe ou categoria de sujeito passivo (art. 152, parágrafo único, do CTN) e, uma vez concedia, deve abarcar todos aqueles que se encontrem na mesma situação, de forma indiscriminada.

Dispõe a alínea "a" do inciso I do art. 152 do CTN que cabe à pessoa jurídica de direito público competente para instituir o tributo em questão conceder a moratória geral (moratória autonômica). Já o art. 152, I, "b", do CTN confere à União a prerrogativa de conceder moratória quanto a tributos integrantes da órbita de competência dos estados e municípios, desde que, simultaneamente, também a conceda em relação aos tributos federais (moratória heterônoma).

A segunda hipótese – moratória heterônoma – suscita divergência doutrinária. Há quem entenda que tal previsão é plenamente admissível em nosso ordenamento jurídico, como é o caso de Rosa Jr.[15] Segundo o autor, não se trata "de intervenção federal indevida, eis que, além de ser bastante ampla, abrangendo inclusive as obrigações de direito privado, só pode ter como causa razões excepcionais de ordem pública".

Hugo de Brito Machado,[16] na mesma linha, esclarece:

> Pode parecer que a concessão de moratória pela União relativamente a tributos estaduais e municipais configura indevida intervenção federal e que a norma do art. 152, inciso II, alínea "b", não teria sido recepcionada pela Constituição Federal de

[15] ROSA JR., Luiz Emygdio F. da. *Manual de direito financeiro e direito tributário*. 20. ed. rev. e atual. Rio de Janeiro: Renovar, 2007. p. 493.
[16] MACHADO, Hugo de Brito. *Curso de direito tributário*. 23. ed. São Paulo: Malheiros, 2002. p. 175.

1988. Ocorre que tal moratória deve ser em caráter geral e, assim, concedida diretamente pela lei, além de somente ser possível se abrangente dos tributos federais e das obrigações de direito privado. Admitir que a União não pode legislar nesse sentido implicaria afirmar a inconstitucionalidade da Lei de Falências e Concordatas.

Da mesma forma, Cláudio Carneiro,[17] ao compartilhar tal entendimento, acrescenta que, diversamente da isenção heterônoma, a moratória não é uma modalidade de exclusão do crédito tributário, e por isso não há prejuízo aos cofres públicos que justifique sua vedação. Ademais, a tributação deve atender precipuamente ao interesse nacional, em detrimento do interesse regional ou local; dessa forma seria plausível e constitucional sua concessão. O autor destaca, por fim, que

> a moratória *não* representa *renúncia de receita* (art. 14 da LC nº 101/2000) porque incide sobre os juros de mora e não sobre o valor principal. Em geral, a moratória é concedida na tentativa de recuperar ou estimular o desenvolvimento de determinado setor.

Em sentido contrário, Leandro Paulsen,[18] entre outros, defende que a moratória heterônoma não teria sido recepcionada pela Constituição Federal de 1988 porque mitiga a autonomia dos entes políticos em matéria tributária e, portanto, viola o pacto federativo, aplicando na espécie o art. 151, III da CRFB, que veda a concessão de isenção de tributos de competências

[17] CARNEIRO, Cláudio. *Curso de direito tributário e financeiro*, 2013b, op. cit., p. 656, grifos nossos.
[18] PAULSEN, Leandro. *Direito tributário*, 2011, op. cit., p. 1118.

dos estados, DF e municípios. José Eduardo Soares de Melo[19] ainda salienta que é "criticável, todavia, a exclusiva faculdade cometida à União (art. 152, I, 'b', do CTN) por não possuir competências para intrometer no âmbito tributário das demais pessoas de direito público".

Moratória individual

Tal espécie de moratória considera condições pessoais do sujeito passivo e, assim, depende da provocação do interessado para que, como já mencionado, demonstre o atendimento dos requisitos exigidos pela lei que instituiu a causa suspensiva; por esta razão depende de despacho concessivo da autoridade fiscal competente.

O art. 155, *caput*, do CTN é categórico ao prever que a moratória concedida em caráter individual não gera direito adquirido e será *revogada de ofício* sempre que se apurar que o beneficiário não satisfazia ou deixou de satisfazer as condições, ou não cumprira ou deixou de cumprir os requisitos para concessão do favor. A doutrina critica a opção do legislador pela expressão "revogada", considerando que o ato concessivo da autoridade administrativa tem natureza vinculada e, assim, seria objeto de anulação ou cassação, e não de revogação.

Dessa forma, a administração tributária poderá anular o ato concessivo sempre que constatar ocorrência de infração legal na obtenção de moratória individual (dolo ou simulação do beneficiado, ou de terceiro em benefício daquele). Nesses casos, serão devidos juros de mora desde a data da concessão e será aplicada a penalidade cabível (art. 155, I, do CTN).

[19] MELO, José Eduardo Soares de. *Curso de direito tributário*. São Paulo: Dialética, 1997. p. 214.

Na hipótese de ulterior descumprimento das condições ou requisitos exigidos, o sujeito passivo deverá recolher o tributo com sua devida atualização e com juros de mora (art. 155, II, do CTN) desde a data em que passou a gozar do favor fiscal, mas não lhe será aplicada qualquer penalidade pecuniária (multa).

Moratória: requisitos e condições

A lei que conceder a moratória (de caráter geral ou individual) deve obedecer aos ditames do art. 153 do CTN, *verbis*:

> Art. 153. A lei que conceda moratória em caráter geral ou autorize sua concessão em caráter individual especificará, sem prejuízo de outros requisitos:
> I - o prazo de duração do favor;
> II - as condições da concessão do favor em caráter individual;
> III - sendo caso:
> a) os tributos a que se aplica;
> b) o número de prestações e seus vencimentos, dentro do prazo a que se refere o inciso I, podendo atribuir a fixação de uns e de outros à autoridade administrativa, para cada caso de concessão em caráter individual;
> c) as garantias que devem ser fornecidas pelo beneficiado no caso de concessão em caráter individual.

O parágrafo único do art. 155 do CTN, por seu turno, trata do cômputo do prazo prescricional existente entre a concessão da moratória e a revogação do ato que a deferiu. José Jayme de Macedo Oliveira[20] afirma que,

[20] OLIVEIRA, José Jayme de Macedo. *Código Tributário Nacional*: comentários, doutrina e jurisprudência. São Paulo: Saraiva, 1998. p. 433.

se tiver havido dolo, fraude ou simulação por parte do contribuinte, não se computa dito lapso temporal, pois, caso contrário, haveria benefício para o infrator (diminuição do prazo de prescrição). Agora, ausentes tais comportamentos do sujeito passivo, somente caberá a anulação do ato concessivo se ainda não extinto o direito de ação de cobrança do crédito tributário (art. 174 do CTN).

Depósito do seu montante integral

O depósito representa um ato cautelar e caucionário que, no âmbito tributário, tem o condão de suspender a exigibilidade do crédito, desde que seja efetuado no valor integral apontado pela Fazenda Pública. Trata-se de uma faculdade conferida por lei ao contribuinte (art. 151, II, do CTN).

Depositar o valor integral do montante devido não significa pagar o tributo – que é forma de extinção do crédito tributário –, pois o depósito é uma garantia de instância dada ao suposto credor, que pode ser oferecida tanto em sede de processo administrativo como judicial.[21]

Tal hipótese de suspensão da exigibilidade do crédito tributário traz vantagens para o devedor que, após depositar judicialmente, afasta a incidência dos juros de mora, da correção monetária e da eventual aplicação de multa, bem como é de grande valia para a Fazenda Pública, pois equivale a uma penhora antecipada.

Assim, tendo sido depositado integralmente o montante exigido pela Fazenda Pública, caso o contribuinte sucumba na

[21] A opção do contribuinte pelo depósito, em última análise, também reflete positivamente para a celeridade processual, porquanto desonera o Poder Judiciário de processar e julgar uma futura execução fiscal – na hipótese de improcedência do pedido.

lide por ele proposta, o montante depositado será convertido em renda, extinguindo o correspondente crédito tributário, *ex vi* do art. 156, VI, do CTN.

Na esfera administrativa, o depósito prévio também se mostra benéfico para o contribuinte caso tenha seu pleito negado ao término do processo administrativo, haja vista que, da mesma forma que no âmbito judicial, impede a fluência de juros e da correção monetária.

No âmbito federal, por força da Lei nº 9.703/1998, a União inclusive utiliza o depósito judicial enquanto tramita a ação, devolvendo o valor corrigido caso o contribuinte termine vencedor na demanda. Ou seja, em que pese ao contribuinte efetuar o depósito na Caixa Econômica Federal, o valor depositado é transferido ao Tesouro Nacional, que pode livremente utilizá-lo, devendo devolver ao contribuinte caso este termine vencedor na demanda.

A questão comportou grande discussão de constitucionalidade, posto que transformaria o depósito judicial em espécie de "empréstimo compulsório". O Supremo Tribunal Federal, todavia, chancelou a prática da União federal ao julgar improcedente a Adin nº 1.933,[22] proposta pelo Conselho Federal da Ordem dos Advogados do Brasil, entendendo que a Lei nº 9.703/1998 incorreu em qualquer vício de inconstitucionalidade.

Tal decisão da Suprema Corte ocasionou a adoção de legislações similares por outros entes federativos, por exemplo, a legislação do estado do Rio de Janeiro (Lei Complementar Estadual nº 147/2013, a qual é objeto de Adin junto ao STF).

É de se notar que o depósito constitui um direito subjetivo do sujeito passivo. É cabível em qualquer procedimento judicial

[22] BRASIL. Supremo Tribunal Federal. Adin nº 1.933 STF, 16 de setembro de 2010. Ministro Eros Grau, v.u.

no qual seja objeto a exigência fiscal, não se fazendo necessária prévia autorização judicial. Consoante o entendimento de Leandro Paulsen:[23]

> O depósito constitui direito do contribuinte e pode ser efetuado nos próprios autos da ação principal. De fato os Tribunais vêm entendendo que é desnecessário o ajuizamento de ação cautelar para a realização de depósito, cabendo ao contribuinte fazê-lo na própria ação que se discute a exigibilidade do tributo e informar diretamente ao Fisco para os fins do art. 151, II e 206 do CTN. Não há necessidade sequer de a parte peticionar, pedindo ao juiz autorização para a realização do depósito. Pode e deve fazê-lo de pronto, informando nos autos. Assim, é possível concluir, inclusive, pela ausência de interesse processual do contribuinte no ajuizamento de ação cautelar para a realização dos depósitos.

Assim, se o depósito for efetuado em ação declaratória, pode e deve ser pleiteado no bojo da ação principal, dispensando-se a propositura de ação cautelar para esse fim. No entanto, se houver urgência no depósito e a petição inicial da ação principal ainda não estiver devidamente instruída, poderá ser pleiteado como medida preparatória, restando o prazo de 30 dias para o ajuizamento da ação principal.

Conforme o entendimento pretoriano do Superior Tribunal de Justiça, o depósito deve ser feito em dinheiro, não cabendo substituí-lo por outras garantias como fiança bancária[24] ou título da dívida pública.[25] Aquela corte, inclusive, sumulou tal exegese

[23] PAULSEN, Leandro. *Direito tributário*, 2011, op. cit., p. 1094.
[24] BRASIL. Superior Tribunal de Justiça. AgRg na MC nº 19.128/SP. Relator: ministro Francisco Falcão. Primeira Turma. Julgamento em 14 de agosto de 2012. *DJe*, 24 ago. 2012.
[25] BRASIL. Superior Tribunal de Justiça. REsp nº 64.304/SP. Relator: ministro Peçanha Martins. Segunda Turma. Julgamento em 17 de novembro de 1998. *DJ*, 8 mar. 1999. p. 181.

no verbete nº 112, que assim preceitua: "o depósito somente suspende a exigibilidade se for integral e em dinheiro".

O depósito do montante integral impede a cobrança do crédito por meio de execução fiscal até que ocorra o trânsito em julgado da decisão no processo de conhecimento. Também se deve aguardar o trânsito em julgado da decisão judicial para que os valores depositados judicialmente sejam, ou convertidos em renda para o fisco, ou levantados pelo contribuinte, como bem ilustra o seguinte precedente do STJ:[26]

> PROCESSUAL CIVIL. AGRAVO REGIMENTAL NO AGRAVO. RECURSO ESPECIAL.
> EXECUÇÃO FISCAL. EXECUÇÃO GARANTIDA POR MEIO DE DEPÓSITO EM DINHEIRO. COBRANÇA DO TRIBUTO QUESTIONADA EM SEDE DE EMBARGOS À EXECUÇÃO. LEVANTAMENTO OU CONVERSÃO EM RENDA QUE SE SUJEITA AO TRÂNSITO EM JULGADO DA DECISÃO QUE RECONHEÇA OU AFASTE A LEGITIMIDADE DA EXAÇÃO.
> 1. *Por força da regra contida no art. 32, § 2º, da Lei 6.830/80, o levantamento de depósito judicial, ou a sua conversão em renda da Fazenda Pública, sujeita-se ao trânsito em julgado da decisão que reconheceu ou afastou a legitimidade da exação. O art. 32, § 2º, da Lei 6.830/80 é norma especial, que deve prevalecer sobre o disposto no art. 587 do CPC, de modo que a conversão em renda do depósito em dinheiro efetuado para fins de garantia da execução fiscal somente é viável após o trânsito em julgado da decisão que reconheceu a legitimidade da exação. Em virtude desse caráter especial da norma, não há que se falar na aplicação do entendimento consolidado na Súmula 317/STJ.*

[26] BRASIL. Superior Tribunal de Justiça. AgRg no AREsp nº 210.113/SP. Relator: ministro Mauro Campbell Marques. Segunda Turma. Julgamento em 25 de setembro de 2012. *DJe*, 28 set. 2012, grifo nosso.

Da mesma forma, nas hipóteses de extinção do processo sem resolução de mérito, a Corte Superior já se manifestou em diversas oportunidades e, salvo em situações muito peculiares, a jurisprudência é no sentido de ser impossível o referido levantamento pelo contribuinte do depósito nesses casos. Nesse sentido:[27]

> PROCESSUAL CIVIL. DEPÓSITO JUDICIAL. LEVANTAMENTO. IMPOSSIBILIDADE. ENTENDIMENTO PACÍFICO.
>
> 1. *Hipótese em que o acórdão embargado aplicou jurisprudência conhecida e pacífica do STJ, no sentido de que depósito judicial realizado por sujeito passivo tributário somente poderá ser por ele levantado se vencedor no mérito da demanda. Em caso de extinção sem julgamento de mérito, o valor é convertido em renda do Fisco, exceto na hipótese de o ente político não ser sujeito ativo da exação.*
>
> 2. Não há dissídio com os precedentes confrontados. No julgamento dos EREsp 227.835/SP, a Seção apenas reconheceu o efeito de suspensão da exigibilidade do crédito tributário, em caso de depósito integral. Em relação ao REsp 809.786/RS, a Segunda Turma não adentrou o mérito da demanda, por não conhecer do Recurso Especial.
>
> 3. Agravo Regimental não provido.

Assim, no caso em que o devedor discute aspectos relacionados à obrigação tributária em juízo, há previsão legal conferindo a ele o direito de promover o depósito integral da quantia devida com vista à suspensão da exigibilidade do *quantum debeatur*, mas segundo a jurisprudência do STJ, se a ação intentada, por qualquer motivo, resultar sem êxito, deve o depósito ser convertido em renda para a Fazenda Pública.

---

[27] BRASIL. Superior Tribunal de Justiça. AgRg no EAg nº 1.300.823/DF. Relator: ministro Herman Benjamim. Primeira Seção. Julgamento em 10 de outubro de 2012. *DJe*, 31 out. 2012, grifo nosso.

Isso porque, sob a exegese daquele tribunal, o depósito constitui mera garantia impeditiva, ou seja, obsta o fisco de promover qualquer ato tendente a haver o pagamento. Assim, nas hipóteses em que o processo logra extinção sem exame do mérito contra o contribuinte, tem-se, a rigor, uma decisão a ele desfavorável, sendo, portanto, necessário o recolhimento do tributo após o trânsito em julgado do referido *decisum*.

Questão incidente sobre o depósito diz respeito à impossibilidade de o fisco vir a se apropriar de depósito realizado em processo no qual foi sucumbente, sob a alegação de que existiriam outras dívidas tributárias do mesmo contribuinte e que não foram discutidas no feito.

Isto porque o montante depositado integra o patrimônio do depositante, tanto que seus rendimentos constituem fato gerador do imposto de renda e, da mesma forma, o depósito judicial é feito especialmente para discutir determinado débito que está relacionado a uma lide específica.

Em se tratando de tributos sujeitos ao lançamento por homologação, no caso de o contribuinte realizar o depósito integral do montante devido no curso de ação judicial em que pretenda discutir a relação obrigacional tributária, há quem entenda,[28] assim como a jurisprudência majoritária do Superior Tribunal de Justiça, que este teria o condão de dispensar o lançamento pelo fisco do valor correspondente à importância depositada, tratando-se o referido depósito, portanto, de *lançamento tácito*. Sobre o assunto, confira-se o seguinte precedente:[29]

---

[28] PAULSEN, Leandro. *Direito tributário*: Constituição e Código Tributário à luz da doutrina e da jurisprudência. 9. ed. rev. e atual. Porto Alegre: Livraria do Advogado, 2007. p. 1105.

[29] BRASIL. Superior Tribunal de Justiça. AgRg no REsp nº 1.163.271/PR. Relator: ministro Castro Meira. Segunda Turma. Julgamento em 19 de abril de 2012. *DJe*, 4 maio 2012, grifo nosso.

RECURSO ESPECIAL. AGRAVO REGIMENTAL. TRIBUTÁRIO. DEPÓSITO DO MONTANTE INTEGRAL. ART. 151, II, DO CTN. SUSPENSÃO DA EXIGIBILIDADE DO CRÉDITO TRIBUTÁRIO. CONVERSÃO EM RENDA. DECADÊNCIA.

1. *Com o depósito do montante integral tem-se verdadeiro lançamento por homologação. O contribuinte calcula o valor do tributo e substitui o pagamento antecipado pelo depósito, por entender indevida a cobrança. Se a Fazenda aceita como integral o depósito, para fins de suspensão da exigibilidade do crédito, aquiesceu expressa ou tacitamente com o valor indicado pelo contribuinte, o que equivale à homologação fiscal prevista no art. 150, § 4º, do CTN.*

2. *Uma vez ocorrido o lançamento tácito, encontra-se constituído o crédito tributário, razão pela qual não há mais que se falar no transcurso do prazo decadencial nem na necessidade de lançamento de ofício das importâncias depositadas. Precedentes da Primeira Seção.*

3. Agravo regimental não provido.

Ao final, convém registrar que não se pode exigir depósito prévio como condição de admissibilidade recursal (administrativa), conforme o que dispõe a Súmula Vinculante nº 21 do STF.[30]

No mesmo sentido, o Superior Tribunal de Justiça acolhe a tese pela impossibilidade de exigir-se o depósito recursal prévio no âmbito administrativo. A matéria, também resta sumulada no âmbito daquela corte superior, no verbete nº 373, *in verbis*: "É ilegítima a exigência de depósito prévio para admissibilidade de recurso administrativo".

[30] BRASIL. Supremo Tribunal Federal. Súmula Vinculante nº 21: "É inconstitucional a exigência de depósito ou arrolamento prévios de dinheiro ou bens para admissibilidade de recurso administrativo". Súmula Vinculante nº 28: "É inconstitucional a exigência de depósito prévio como requisito de admissibilidade de ação judicial na qual se pretenda discutir a exigibilidade de crédito tributário".

Tal exigência se mostra inconstitucional na ótica dos tribunais superiores porque, a rigor, representa obstáculo ao exercício do direito de defesa pelo contribuinte, em afronta ao art. 5º, LV, da CRFB/1988.

Por fim, deve-se ressaltar que, embora a jurisprudência dos tribunais superiores tenha equiparado a fiança bancária ao depósito judicial para fins de garantia da execução fiscal, com fulcro no art. 15, I, da Lei de Execuções Fiscais,[31] permitindo, assim, que a apresentação de carta de fiança como garantia de execução fiscal presente ou futura tenha os mesmos efeitos de um depósito, o mesmo não ocorre para fins de suspensão da exigibilidade do crédito, eis que a fiança bancária se presta tão somente à garantia do crédito tributário, porém, não tem o condão de suspender-lhe a exigibilidade, já que, como visto, o rol do art. 151 é taxativo (vide considerações preliminares). Confira-se:[32]

> TRIBUTÁRIO. RECURSO ESPECIAL REPRESENTATIVO DE CONTROVÉRSIA. ART. 543-C, DO CPC. CAUÇÃO E EXPEDIÇÃO DA CPD-EN. POSSIBILIDADE. SUSPENSÃO DA EXIGIBILIDADE DO CRÉDITO TRIBUTÁRIO. ART. 151 DO CTN. INEXISTÊNCIA DE EQUIPARAÇÃO DA FIANÇA BANCÁRIA AO DEPÓSITO DO MONTANTE INTEGRAL DO TRIBUTO DEVIDO PARA FINS DE SUSPENSÃO DA EXIGIBILIDADE. SÚMULA 112/STJ. VIOLAÇÃO AO ART. 535, II, DO CPC, NÃO CONFIGURADA. MULTA. ART. 538 DO CPC. EXCLUSÃO.

---

[31] BRASIL. Superior Tribunal de Justiça. AgRg no REsp nº 1.109.560/RS. Relator: ministro Arnaldo Esteves Lima. Primeira Turma. Julgamento em 17 de agosto de 2010. *DJe*, 30 ago. 2010.

[32] BRASIL. Superior Tribunal de Justiça. REsp nº 1.156.668/DF. Relator: ministro Luiz Fux. Primeira Seção. Julgamento em 24 de novembro de 2010. *DJe*, 10 dez. 2010, grifos nossos.

1. A fiança bancária não é equiparável ao depósito integral do débito exequendo para fins de suspensão da exigibilidade do crédito tributário, ante a taxatividade do art. 151 do CTN e o teor do Enunciado Sumular n. 112 desta Corte, cujos precedentes são de clareza hialina: PROCESSUAL CIVIL E TRIBUTÁRIO. MANDADO DE SEGURANÇA. SUSPENSÃO CAUTELAR DA EXIGIBILIDADE DO CRÉDITO TRIBUTÁRIO. DEPÓSITO EM TDAS OU FIANÇA BANCÁRIA. IMPOSSIBILIDADE. RECURSO DESPROVIDO. CONSOANTE PRECEDENTES JURISPRUDENCIAIS DESTA CORTE, A SUSPENSÃO DA EXIGIBILIDADE DO CRÉDITO TRIBUTÁRIO, SÓ É ADMISSÍVEL, MEDIANTE DEPÓSITO INTEGRAL EM DINHEIRO, NOS TERMOS DO DISPOSTO NOS ARTIGOS 151, DO CTN, E PAR. 4. DA LEI N. 6.830/70. RECURSO DESPROVIDO, POR UNANIMIDADE.
(RMS 1269/AM, Rel. Ministro DEMÓCRITO REINALDO, PRIMEIRA TURMA, julgado em 18/10/1993, DJ 08/11/1993).
TRIBUTÁRIO. SUSPENSÃO DE EXIGIBILIDADE DE CRÉDITO. FIANÇA BANCÁRIA COMO GARANTIA ACOLHIDA EM LIMINAR. ART. 151, CTN. LEI 6830/80 (ARTS. 9. E 38). ARTIGOS 796, 798 E 804, CPC). SÚMULAS 247-TFR E 1 E 2 DO TRF / 3A. REGIÃO.
1. A PROVISORIEDADE, COM ESPECÍFICOS CONTORNOS, DA CAUTELAR CALCADA EM FIANÇA BANCÁRIA (ARTIGOS 796, 798 E 804, CPC), NÃO SUSPENDE A EXIGIBILIDADE DO CRÉDITO FISCAL (ART. 151, CTN), MONITORADO POR ESPECIALÍSSIMA LEGISLAÇÃO DE HIERARQUIA SUPERIOR, NÃO SUBMISSA ÀS COMUNS DISPOSIÇÕES CONTIDAS NA LEI 6830/80 (ARTS. 9. 38).
2. SÓ O DEPÓSITO JUDICIAL EM DINHEIRO, AUTORIZADO NOS PRÓPRIOS AUTOS DA AÇÃO PRINCIPAL OU DA CAUTELAR, SUSPENDE A EXIGIBILIDADE DO CRÉDITO TRIBUTÁRIO.

3. RECURSO PROVIDO.
(REsp 30610/SP, Rel. Ministro MILTON LUIZ PEREIRA, PRIMEIRA TURMA, julgado em 10/02/1993, DJ 15/03/1993).
2. O art. 151 do CTN dispõe que, *in verbis*: [...]
3. Deveras, a suspensão da exigibilidade do crédito tributário (que implica óbice à prática de quaisquer atos executivos) encontra-se taxativamente prevista no art. 151 do CTN, sendo certo que a prestação de caução, mediante o oferecimento de fiança bancária, ainda que no montante integral do valor devido, não ostenta o efeito de suspender a exigibilidade do crédito tributário, mas apenas de garantir o débito exequendo, em equiparação ou antecipação à penhora, com o escopo precípuo de viabilizar a expedição de Certidão Positiva com Efeitos de Negativa e a oposição de embargos. [...]
12. Recurso especial parcialmente provido, apenas para afastar a multa imposta com base no art. 538, [parágrafo] único do CPC. Acórdão submetido ao regime do art. 543-C do CPC e da Resolução STJ 08/2008.

A Seção de Direito Público do STJ uniformizou o entendimento de que as garantias consistentes na fiança bancária e na penhora de dinheiro não possuem o mesmo *status* (EREsp 1.077.039/RJ), razão pela qual permanece em vigor a preferência por esta última.

Reclamações e os recursos, nos termos das leis reguladoras do processo tributário administrativo

O direito de peticionar aos poderes públicos em defesa de direitos ou contra ilegalidade ou abuso de poder decorre de previsão constitucional. Assim, o contribuinte pode recorrer à própria administração, voluntariamente, por meio de impugnações dirigidas às autoridades judicantes e dos recursos aos tribunais administrativos, previamente à via judicial.

Vale ressaltar que os recursos administrativos são voluntários e não impedem que, a qualquer tempo, o contribuinte busque a via judicial, haja vista o princípio da inafastabilidade da jurisdição, insculpido no art. 5º, XXXV, da CRFB/1988.

O recurso administrativo suspende tanto a exigibilidade do crédito como a fluência do prazo prescricional, que retoma seu curso após o respectivo julgamento, caso a decisão seja favorável ao fisco. Assim, restabelece-se a exigibilidade, passando o sujeito passivo a ter um prazo para cumprir sua obrigação, sob pena de o fisco ajuizar ação judicial para cobrar seu crédito. A constituição definitiva do crédito tributário somente ocorrerá com a decisão final do processo administrativo. Em sentido oposto, se a decisão for favorável ao contribuinte, extinguirá o próprio crédito tributário (art. 156, IX, do CTN).

A jurisprudência majoritária entende que o exercício do mero direito de petição de revisão de débitos perante o fisco (ou seja, não sendo impugnação ou recurso regulado por lei como causa suspensiva da exigibilidade) não tem o condão de suspender a exigibilidade, visto que não é recurso, sendo apenas a provação do poder/dever da administração de rever seus atos caso seja apurada alguma irregularidade na cobrança do crédito tributário.[33]

Sobre o tema,[34] o STF editou a Súmula Vinculante nº 28: "É inconstitucional a exigência de depósito prévio como requisito

---

[33] Sobre o assunto, ver PAULSEN, Leandro. *Direito tributário*, 2011, op. cit., p. 1109-1110.

[34] A exigência de depósito prévio como requisito para o manejo de ações viola o princípio do acesso à Justiça, consubstanciado no inciso XXXV do art. 5º da Constituição Federal. O precedente básico da súmula é a ADI nº 1.074, na qual o STF entendeu inconstitucional o art. 19 da Lei nº 8.870/1994, que impõe o depósito prévio do valor supostamente devido como condição à propositura de eventual ação que tenha por objeto discutir a dívida com o fisco. Para a Suprema Corte, essa exigência cria uma barreira ao acesso ao Poder Judiciário (cf. ADI nº 1.074. Relator: ministro Eros Grau. Tribunal Pleno. Julgamento em 28 de março de 2007. *DJe*, 23 mar. 2007; *DJ*, 25 maio 2007). Observe-se que, a partir de um único acórdão, foi elaborada uma súmula vinculante. Nitidamente, a intenção do pretório excelso foi atribuir efeitos de caráter vinculante e *erga omnes* aos fundamentos dessa decisão, dando-lhe caráter transcendente. Assim, toda e qualquer lei que exija depósito prévio como condição ao conhecimento de ação tendente a questionar o crédito tributário é inconstitucional.

de admissibilidade de ação judicial na qual se pretenda discutir a exigibilidade de crédito tributário".

Por fim, conforme Cláudio Carneiro,[35] pedido de compensação efetuado pelo contribuinte na esfera administrativa torna a exigibilidade suspensa até que a Fazenda se manifeste sobre o requerimento. Caso seja acolhida, esta se transformará em causa extintiva do crédito na forma do art. 156 do CTN. Vejamos trecho de julgado sobre o tema:

> TRIBUTÁRIO – COMPENSAÇÃO – PEDIDO ADMINISTRATIVO PENDENTE DE HOMOLOGAÇÃO PELO FISCO – SUSPENSÃO DA EXIGIBILIDADE DO TRIBUTO – FORNECIMENTO DE CERTIDÃO POSITIVA DE DÉBITO COM EFEITO DE NEGATIVA – CPD-EN.
>
> 1. A alegação de compensação é verdadeira causa extintiva do direito do fisco, podendo ser alegada tanto na esfera administrativa, quanto na judicial, como medida impugnativa a cargo do contribuinte. Alegada na esfera administrativa, tem o efeito de suspender a exigibilidade do tributo, na forma do art. 151, III, do CTN.
>
> 2. Enquanto pendente de análise pedido administrativo de compensação, suspende-se a exigibilidade do tributo, hipótese em que não pode negar o fisco o fornecimento de certidão positiva de débitos, com efeito de negativa, de que trata o art. 206 do CTN.
>
> 3. Recurso especial provido.[36]

[35] CARNEIRO, Cláudio. *Processo tributário (administrativo e judicial)*, 2013a, op. cit., p. 150.

[36] BRASIL. Superior Tribunal de Justiça. REsp nº 980.017/SP. Relatora: ministra Eliana Calmon. Julgamento em 9 de dezembro de 2008. *DJe*, 27 fev. 2009.

Concessão de medida liminar em mandado de segurança

O mandado de segurança cuida de ação judicial própria para defender direito líquido e certo que tenha sido violado, ou esteja na iminência de sê-lo, por ato abusivo de autoridade que aja mediante coação (autoridade coatora) e está previsto no art. 5º, LXIX e LXX, da CRFB/1988.

São requisitos para a concessão da medida liminar em mandado de segurança o *fumus boni iuris* e o *periculum in mora*. O primeiro consiste na plausibilidade da alegação contida na petição inicial, ou seja, há uma fumaça de bom direito. O juiz, no exame superficial, vê que há possibilidade de aquela tese ser verdadeira. E o *periculum in mora*, que é o risco de lesão irreparável ou de difícil reparação ao direito do impetrante enquanto aguarda o julgamento do mérito.

Na verdade, a função da medida liminar é assecuratória, não é satisfativa. E, no direito tributário, é fácil perceber tal característica porque a liminar não extingue o crédito, mas suspende sua exigibilidade.

O mandado de segurança pode ser preventivo ou repressivo, e ambas as espécies são perfeitamente aplicáveis no campo do direito tributário. É preventivo quando o contribuinte encontra-se na hipótese de incidência tributária, mas a entende ilegal e, por isso, se antecipa ao lançamento fiscal e ataca a própria obrigação tributária. Nesse ponto, o impetrante deve apresentar, à autoridade judiciária, informações ou indícios que demonstrem o propósito da autoridade da administração em autuá-lo ou notificá-lo pelo não recolhimento do tributo. É de se notar que o mandado de segurança preventivo, consoante a jurisprudência pátria,[37] não se submete a prazo decadencial, *verbis*:

[37] BRASIL. Superior Tribunal de Justiça. REsp nº 1.121.270/RS. Relator: ministro Mauro Campbell Marques. Segunda Turma. Julgamento em 22 de março de 2011. *DJe*, 31 mar. 2011, grifo nosso.

PROCESSUAL CIVIL E TRIBUTÁRIO. MANDADO DE SEGURANÇA PREVENTIVO. DECADÊNCIA. CRÉDITO PRESUMIDO DE IPI COMO RESSARCIMENTO DAS CONTRIBUIÇÕES AO PIS/PASEP E COFINS. LEI N. 9.363/96. INTERRUPÇÃO PELO ART. 12, DA MP N. 2.158/35, DE 2001.

1. *Em se tratando de mandado de segurança preventivo, com o objetivo de afastar a autuação da administração fazendária contra o creditamento referente ao período de suspensão estabelecido pelo art. 12, da Medida Provisória n. 2.15835, de 2001, do benefício de crédito presumido de IPI como ressarcimento das contribuições ao PIS/PASEP e COFINS (art. 1º, da Lei n. 9.363/96), é inaplicável o prazo decadencial de 120 dias previsto no art. 18 da Lei nº 1.553/51.*

2. Recurso especial provido.

Pois bem. Enquanto o *mandamus* preventivo atinge a obrigação tributária, o repressivo ataca o crédito tributário, por ser posterior ao lançamento. O termo inicial do prazo de decadência de 120 dias é contado a partir da ciência do ato impugnado (art. 23 da Lei nº 12.016/2009),[38] seja este a lavratura de um auto de infração, seja uma notificação de exigência fiscal. A data da ocorrência do fato gerador não pode ser tida como termo inicial do prazo decadencial do direito à segurança. Esse é o entendimento do STJ, como se pode depreender do teor da ementa do seguinte julgado:[39]

PROCESSUAL CIVIL E TRIBUTÁRIO. MANDADO DE SEGURANÇA. PRAZO DECADENCIAL. TERMO INICIAL. NOTIFI-

---

[38] Lei nº 12.016/2009: "Art. 23. O direito de requerer mandado de segurança extinguir-se-á decorridos 120 (cento e vinte) dias, contados da ciência, pelo interessado, do ato impugnado".

[39] BRASIL. Superior Tribunal de Justiça. RMS nº 32.477/SE. Relator: ministro Herman Benjamin. Segunda Turma. Julgamento em 18 de novembro de 2010. *DJe*, 4 fev. 2011, grifo nosso.

CAÇÃO DO LANÇAMENTO (AUTUAÇÃO). INSCRIÇÃO EM DÍVIDA ATIVA. INTERRUPÇÃO. NÃO OCORRÊNCIA.
1. Hipótese em que a contribuinte impetrou Mandado de Segurança com o intuito de impedir inscrição em dívida ativa de débito constituído por Auto de Infração. O TJ afastou a pretensão porque há Ação Anulatória em primeira instância que discute exatamente tal exigência, e o *writ* não se prestaria a substituir a Ação Cautelar cabível.
2. Desnecessário questionar a possibilidade de cumulação do Mandado de Segurança com prévia Ação Anulatória, pois, ainda que cabível, haveria evidente decadência em relação ao *writ*, conforme a jurisprudência pacífica do STJ.
3. Embora a inicial refira-se à iminência da inscrição em dívida ativa como ato coator, a impetração impugna a própria constituição do crédito tributário por meio do Auto de Infração.
4. Nesse sentido, *o prazo de 120 dias para o mandamus é contado da notificação do lançamento*, que não se interrompe ou suspende com a inscrição em dívida ativa.
5. Recurso Ordinário não provido.

Como propaga o verbete nº 266 da Súmula do STF, o *writ* não é a via adequada para questionar uma lei em tese, porque esta tem natureza abstrata. No entanto, tal exegese não se espraia para o campo tributário, ou seja, em regra, admite-se a impetração de mandado de segurança contra lei tributária, considerando que esta tem aptidão para produzir efeitos concretos na órbita patrimonial dos contribuintes.

Para que seja deferida a liminar, não é, em tese, necessário garantir o juízo com depósito ou fiança, embora esta prática seja bastante utilizada por juízes em todo o país. Luciano Amaro[40] cri-

[40] AMARO, Luciano. *Direito tributário brasileiro*, 2008, op. cit., p. 384.

tica essa praxe judicial, uma vez que, estando presentes os requisitos legais para a concessão da liminar, o juiz deverá concedê-la independentemente de qualquer exigência do sujeito passivo.

O STJ já se manifestou sobre a matéria, entendendo ser imprópria a decisão que defere medida liminar mediante depósito da quantia litigiosa, por serem institutos (liminar e depósito) com pressupostos próprios. Vejamos o precedente mencionado da Corte Superior:[41]

> TRIBUTÁRIO E PROCESSUAL CIVIL – MANDADO DE SEGURANÇA – LIMINAR – SUSPENSÃO DO CRÉDITO TRIBUTÁRIO – DEPÓSITO PRÉVIO – EXIGÊNCIA ILEGAL – PRECEDENTES (ROMS 3.881-SP, DJ DE 18.05.94 E 01.09.97).
> – A concessão de medida liminar em mandado de segurança, para suspensão do crédito tributário, independe do depósito do tributo controvertido.
> – O impetrante tem direito de ver apreciado o seu pedido de liminar, independentemente do depósito ou caução.
> – Recurso conhecido pela letra "c", mas desprovido.

Em suma, o depósito e a liminar não se confundem nem se cumulam. Quando o juiz condiciona a eficácia de medida liminar à prestação de garantia (depósito) – mormente diante de situações atípicas em que há grande risco de a exação não ser recolhida, por causa da provável insolvência da demandante – está, em verdade, indeferindo o pleito liminar, como esclarece a ementa do seguinte julgado do STJ:[42]

[41] BRASIL. Superior Tribunal de Justiça. REsp nº 70.884/MG. Relator: ministro Peçanha Martins. Segunda Turma. Julgamento em 17 de setembro de 1998. *DJ*, 22 mar. 1999. p. 159.

[42] BRASIL. Superior Tribunal de Justiça. EDcl no REsp nº 107.450/MG. Relator: ministro Ari Pargendler. Segunda Turma. Julgamento em 3 de março de 1997. *DJ*, 24 mar. 1997. p. 9003.

TRIBUTÁRIO. SUSPENSÃO DA EXIGIBILIDADE DO CRÉDITO TRIBUTÁRIO. DISTINÇÃO ENTRE MEDIDA LIMINAR E DEPÓSITO DO TRIBUTO CONTROVERTIDO.
A medida liminar em mandado de segurança suspende a exigibilidade do crédito tributário, independentemente do depósito do tributo controvertido; se o juiz condiciona a concessão da medida liminar à realização do depósito, está, na verdade, indeferindo a medida liminar. Embargos de declaração rejeitados.

A concessão da liminar, em mandado de segurança, porque suspende a exigibilidade do crédito, torna naturalmente suspensos também os efeitos da mora. Denegada a segurança, os efeitos da sentença retroagem (Súmula nº 405 do STF), de forma a impedir a invocação, em benefício do contribuinte, da liminar outrora concedida. Dessa forma, de acordo com a jurisprudência do STJ, não há como se afastar a imposição de multa ao impetrante, não por ter acorrido ao Judiciário, mas por estar em mora no seu dever jurídico-tributário.

No âmbito federal, o tema não comporta discussão, pois vigora o art. 63 da Lei nº 9.430/1996,[43] que determina que nos 30 dias após o término da causa suspensiva de exigibilidade não incidirá multa de mora.

[43] Lei nº 9.430/1996: "Art. 63. Não caberá lançamento de multa de ofício na constituição do crédito tributário destinada a prevenir a decadência, relativo a tributos e contribuições de competência da União, cuja exigibilidade houver sido suspensa na forma do inciso IV do art. 151 da Lei nº 5.172, de 25 de outubro de 1966. § 1º. O disposto neste artigo aplica-se, exclusivamente, aos casos em que a suspensão da exigibilidade do débito tenha ocorrido antes do início de qualquer procedimento de ofício a ele relativo. § 2º. A interposição da ação judicial favorecida com a medida liminar interrompe a incidência da multa de mora, desde a concessão da medida judicial, até 30 dias após a data da publicação da decisão judicial que considerar devido o tributo ou contribuição".

Concessão de medida liminar ou de tutela antecipada em outras espécies de ação judicial

O inciso V do art. 151 do CTN foi acrescentado pela LC nº 104/2001, tornando expresso o que na prática já vinha sendo adotado pelo Poder Judiciário. Tanto que Luciano Amaro[44] sustenta:

> Em rigor, não seria necessário prever, no Código Tributário Nacional, que a liminar suspende a exigibilidade do crédito tributário, já que isso é decorrência da força mandamental do despacho que a concede.
>
> Por isso mesmo, também não seria necessário que figurasse no Código a previsão de que outros provimentos judiciais cautelares também devessem ter o efeito de suspender a exigibilidade do crédito tributário. Contudo, a Lei Complementar n. 104/2001 acrescentou o item V ao art. 151 do Código para explicitar o óbvio, vale dizer, que a exigibilidade do crédito tributário pode igualmente ser suspensa pela concessão de liminar e tutela antecipada em outras ações que não o mandado de segurança.

Para que o juízo conceda a antecipação dos efeitos da tutela pretendida, é necessária a prova inequívoca do direito alegado, além do fundado receio de dano irreparável ou de difícil reparação.

A decisão judicial de antecipação dos efeitos da tutela jurisdicional é conferida, ou não, mediante o exercício de cognição sumária do magistrado que, diante das provas e alegações autorais constantes dos autos, antecipa a eficácia social e não a jurídico-formal da referida tutela. Nesse sentido, Teori Albino Zavascki[45] elucida:

---

[44] AMARO, Luciano. *Direito tributário brasileiro*, 2008, op. cit., p. 384.

[45] ZAVASCKI, Teori Albino. *Antecipação de tutela*. 4. ed. rev. e ampl. São Paulo: Saraiva, 2005. p. 48.

> Antecipar significa satisfazer, total ou parcialmente, o direito afirmado pelo autor e, sendo assim, não se pode confundir medida antecipatória com antecipação da sentença. O que se antecipa não é propriamente a certificação do direito, nem a constituição e tampouco a condenação porventura pretendidas como tutela definitiva. Antecipam-se, isto sim, os efeitos executivos daquela tutela. Em outras palavras: não se antecipa a eficácia jurídico-formal (ou seja, a eficácia declaratória, constitutiva e condenatória) da sentença; antecipa-se a eficácia que a futura sentença pode produzir no campo da realidade dos fatos.

A tutela antecipada encontra seu fundamento na necessidade de evitar-se, em decorrência da demora na prestação jurisdicional, que qualquer das partes venha, no decorrer do processo, a sofrer danos ou perdas irreparáveis ou de difícil reparação. A possibilidade de perdas irreparáveis não se verifica somente em processos entre particulares, pois sucede também em processos nos quais é parte o poder público.

Cabe observar que não se confundem, nem são incompatíveis entre si, os institutos do duplo grau obrigatório de jurisdição e da antecipação de tutela jurisdicional. O disposto no art. 475 do Código de Processo Civil diz respeito tão somente à sentença, não abrangendo o instituto da tutela antecipada, que é disciplinada de forma diversa.[46]

Ao contrário do que se dá nas sentenças proferidas contra a Fazenda Pública, as decisões interlocutórias de antecipação de tutela produzem normalmente seus efeitos. O art. 151, *caput*, c/c art. 151, V, do CTN, deve ser interpretado em sintonia com o art. 273, § 7º, do CPC, segundo o qual, "se o autor, a título de antecipação de tutela, requerer providência

[46] Nesse sentido, vide BRASIL. Superior Tribunal de Justiça. REsp nº 171.258/SP. Relator: ministro Anselmo Santiago. Sexta Turma. *DJ*, 18 dez. 1998.

de natureza cautelar, poderá o juiz, quando presentes os respectivos pressupostos, deferir a medida cautelar em caráter incidental do processo ajuizado". O resultado da interpretação conjugada dos referidos dispositivos do CTN levou Mauro Luís Rocha Lopes a entender, inclusive – balizado no princípio da fungibilidade –, que é irrelevante saber se a suspensão da exigibilidade se dá a título de tutela cautelar ou de provimento antecipatório.[47]

Por fim, destacamos o teor das seguintes Súmulas do STJ sobre cabimento de mandado de segurança em matéria tributária:

> Súmula 212: A compensação de créditos tributários não pode ser deferida por medida liminar.
>
> Súmula 213: O mandado de segurança constitui ação adequada para a declaração do direito à compensação tributária.
>
> Súmula 460: É incabível o mandado de segurança para convalidar a compensação tributária realizada pelo contribuinte.

Parcelamento

Introduzido expressamente no CTN pela Lei Complementar nº 104/2001, que acresceu o inciso VI ao rol do art. 151 do CTN, o parcelamento, segundo Ricardo Lobo Torres,[48] é fruto da desnecessidade e da redundância legislativa, porque não havia óbice em nosso ordenamento para que, por meio da moratória, se estabelecessem as mesmas condições e se atingissem os mesmos fins do parcelamento.

---

[47] LOPES, Mauro Luís Rocha. *Execução fiscal e ações tributárias*. Rio de Janeiro: Lumen Juris, 2003. p. 346-347.
[48] TORRES, Ricardo Lobo. *Curso de direito financeiro e tributário*, 2004, op. cit., p. 256.

O art. 155-A, § 1º, também acrescido ao CTN pela LC nº 104/2001, determina que o parcelamento do crédito tributário não exclui a incidência de juros e multas, salvo disposição de lei em contrário.

Há certa divergência sobre a existência ou não de antinomia entre tal dispositivo e o art. 138, também do CTN, já que este último prevê que a responsabilidade tributária é excluída pela denúncia espontânea da infração, acompanhada, se for o caso, do pagamento do tributo devido e dos juros de mora,[49] mas não menciona a inclusão da penalidade (multa).

Contudo, o entendimento pretoriano do STJ indica que aquela Corte Superior não acredita haver qualquer antinomia entre o art. 155-A, § 1º, e o art. 138, ambos do CTN,[50] pois o parcelamento não é considerado pagamento integral, de maneira que é devida a multa de mora na confissão de dívida acompanhada de parcelamento.

Vale comentar outra alteração promovida no tema com a edição da Lei Complementar nº 118/2005, que, objetivando adequar a disciplina tributária à sistemática normativa da Lei nº 11.101/2005, fez acrescer o § 3º e o § 4º ao art. 155-A do CTN.

Tais inovações, portanto, visam a ajustar o tratamento tributário a ser dispensado aos casos de recuperação judicial, extrajudicial e falência do empresário e da sociedade empresária, como forma de contribuir para o princípio da continuidade da empresa, atribuindo competência aos entes da Federação para editar leis específicas sobre o parcelamento dos créditos tributários do devedor em recuperação judicial (art. 155-A, § 3º, do CTN), além de determinar que, na ausência dessa lei, aplique-se lei geral de parcelamento, não podendo, nesse caso, ser conce-

[49] Ou do depósito da importância arbitrada pela autoridade administrativa, quando o montante do tributo depende de apuração.

[50] PAULSEN, Leandro. *Direito tributário*, 2011, op. cit., p. 1139.

dido prazo de parcelamento inferior ao fixado na referida lei federal específica[51] (art. 155-A, § 4º, do CTN).

Na legislação tributária de vários entes federativos encontram-se, normalmente, duas espécies de parcelamento: ordinário ou extraordinário. A grande distinção entre os dois tipos é que o primeiro não possui prazo para adesão, sendo, portanto, facultado ao contribuinte se adequar aos requisitos dispostos na lei. O segundo possui data específica para que os contribuintes manifestem sua adesão e é, frequentemente, conjugado com a concessão de perdão fiscal parcial (anistia e remissão).

Estes últimos, no âmbito federal, são comumente chamados de "Refis", introduzidos no ordenamento jurídico na tentativa de permitir a regularização das empresas em geral e, em alguns casos, das pessoas físicas, sendo mais benéficos que o parcelamento ordinário. Não obstante, possuem prazos determinados para adesão dos contribuintes (vide Lei nº 11.941/2009).

No âmbito federal o parcelamento ordinário com a Fazenda Nacional pode ser efetuado a qualquer tempo, em até 60 meses (Lei nº 10.637/2002).

A adesão ao programa de parcelamento (ordinário ou especial), via de regra, implica o preenchimento de uma declaração com a descrição dos débitos a serem parcelados. Essa declaração, nos termos da lei, possui efeito de confissão irretratável de dívida (arts. 348, 353 e 354 do Código de Processo Civil), perante a administração pública. Entretanto, devido ao princípio da inafastabilidade da apreciação do Poder Judiciário (art. 5º, XXXV, da CRFB/1988) e da vedação ao enriquecimento sem causa, pode o contribuinte recorrer na via judicial questionando o tributo objeto de parcelamento relativo aos aspectos jurídicos, como pode ser observado no seguinte precedente do STJ:[52]

[51] Lei Federal nº 11.941/2009.

[52] BRASIL. Superior Tribunal de Justiça. REsp nº 1.133.027/SP. Relator: ministro Luiz Fux. Primeira Seção. Julgamento em 13 de outubro de 2010. *DJe*, 16 mar. 2011, grifos nossos.

PROCESSUAL CIVIL. TRIBUTÁRIO. Recurso Especial representativo de controvérsia (art. 543-C, § 1º, do CPC). AUTO DE INFRAÇÃO LAVRADO COM BASE EM DECLARAÇÃO EMITIDA COM ERRO DE FATO NOTICIADO AO FISCO E NÃO CORRIGIDO. VÍCIO QUE MACULA A POSTERIOR CONFISSÃO DE DÉBITOS PARA EFEITO DE PARCELAMENTO. *POSSIBILIDADE DE REVISÃO JUDICIAL.*
1. A Administração Tributária tem o poder/dever de revisar de ofício o lançamento quando se comprove erro de fato quanto a qualquer elemento definido na legislação tributária como sendo de declaração obrigatória (art. 145, III, c/c art. 149, IV, do CTN).
2. A este poder/dever corresponde o direito do contribuinte de retificar e ver retificada pelo Fisco a informação fornecida com erro de fato, quando dessa retificação resultar a redução do tributo devido.
3. Caso em que a Administração Tributária Municipal, ao invés de corrigir o erro de ofício, ou a pedido do administrado, como era o seu dever, optou pela lavratura de cinco autos de infração eivados de nulidade, o que forçou o contribuinte a confessar o débito e pedir parcelamento diante da necessidade premente de obtenção de certidão negativa.
4. Situação em que o vício contido nos autos de infração (erro de fato) foi transportado para a confissão de débitos feita por ocasião do pedido de parcelamento, ocasionando a invalidade da confissão.
5. A confissão da dívida não inibe o questionamento judicial da obrigação tributária, no que se refere aos seus aspectos jurídicos. Quanto aos aspectos fáticos sobre os quais incide a norma tributária, a regra é que não se pode rever judicialmente a confissão de dívida efetuada com o escopo de obter parcelamento de débitos tributários. No entanto, como na situação presente, a matéria de fato constante de confissão de dívida pode ser invalidada quando ocorre defeito causador de nulidade do ato jurídico (v.g. erro,

dolo, simulação e fraude). Precedentes: REsp. n. 927.097/RS, Primeira Turma, Rel. Min. Teori Albino Zavascki, julgado em 8.5.2007; REsp 948.094/PE, Rel. Min. Teori Albino Zavascki, Primeira Turma, julgado em 06/09/2007; REsp 947.233/RJ, Rel. Min. Luiz Fux, Primeira Turma, julgado em 23/06/2009; REsp 1.074.186/RS, Rel. Min. Denise Arruda, Primeira Turma, julgado em 17/11/2009; REsp 1.065.940/SP, Rel. Min. Francisco Falcão, Primeira Turma, julgado em 18/09/2008.
6. Divirjo do relator para negar provimento ao recurso especial. Acórdão submetido ao regime do art. 543-C, do CPC, e da Resolução STJ n. 8/2008.

Questões de automonitoramento

1) Após ler este capítulo, você é capaz de resumir o caso gerador do capítulo 8, identificando as partes envolvidas, os problemas atinentes e as soluções cabíveis?
2) Quais são as espécies de moratória e os requisitos para sua concessão?
3) Analise a constitucionalidade de uma suposta lei que estabeleça como condição para recorrer administrativamente o depósito prévio de parte do valor do crédito tributário discutido.
4) À luz do que preceitua o verbete nº 266 da Súmula do STF, responda: cabe impetração de mandado de segurança contra lei em tese no âmbito do direito tributário?
5) Pense e descreva, mentalmente, alternativas de solução para o caso gerador do capítulo 8.

2

Extinção. Pagamento. Pagamento indevido. Consignação em pagamento

Roteiro de estudo

Considerações preliminares

A extinção do crédito tributário faz extinguir a obrigação correspondente. O art. 156 do Código Tributário Nacional (CTN) apresenta rol de hipóteses de extinção do crédito tributário: pagamento; compensação; transação; remissão; prescrição e decadência; conversão de depósito em renda; pagamento antecipado e homologação do lançamento; consignação em pagamento; decisão administrativa irreformável, assim entendida a definitiva na órbita administrativa, que não mais possa ser objeto de ação anulatória; decisão judicial passada em julgado e a dação em pagamento em bens imóveis, na forma e condições estabelecidas em lei.

A maioria dos autores considera a enumeração do art. 156 do CTN taxativa (exaustiva), ou seja, para acrescer qualquer outra hipótese de extinção do crédito tributário se faz necessário editar lei complementar que cuide de normas gerais tributárias.

No entanto, há quem entenda – tese minoritária –, como Luciano Amaro,[53] que se a lei pode perdoar a dívida (remissão – art. 156, IV, c/c art. 172 do CTN), poderia também regular outros modos de extinção do crédito.

Assim, de acordo com a corrente majoritária, é viável a existência de outras hipóteses ali não incluídas, desde que expressamente previstas em lei complementar, por força do que preceitua o art. 146, III, "b", da CRFB/1988.

Nesta seção, serão apreciadas as hipóteses de extinção previstas nos incisos I, II e VI a XI do art. 156 do CTN.

Pagamento

O pagamento é a forma por excelência de extinção do crédito tributário e está disciplinado nos arts. 157-163 e 165-169 do CTN. Sobre tal instituto, Marcus Lívio Gomes[54] assinala:

> Na Teoria das Obrigações, pagamento tem um sentido amplo e outro restrito. Na pena de ORLANDO GOMES, extraímos a lição no sentido de que pagamento no sentido amplo significa o adimplemento de todo tipo de obrigação. No sentido estrito significa o adimplemento das obrigações pecuniárias.
>
> Sendo a obrigação tributária pecuniária, a teor do art. 3º, do CTN, segue-se que pagamento no art. 156, I, CTN, refere-se ao sentido estrito do termo.

Importante ressaltar de plano que, diferentemente do que se dá no âmbito do direito civil,[55] na hipótese de pagamento

[53] AMARO, Luciano. *Direito tributário brasileiro*. 14. ed. rev. São Paulo: Saraiva, 2008. p. 390.
[54] GOMES, Marcus Lívio. Extinção do crédito tributário. In: GOMES, Marcus Lívio; ANTONELLI, Leonardo Pietro (Coord.). *Curso de direito tributário brasileiro*. 2. ed. São Paulo: Quartier Latin, 2010. v. 2, p. 527.
[55] Ver art. 322 do CC (Lei nº 10.406/2002).

parcial, inexiste presunção relativa do pagamento de parcelas anteriores, conforme o teor do art. 158 do CTN, *verbis*:

> Art. 158. O pagamento de um crédito não importa em presunção de pagamento:
> I - quando parcial, das prestações em que se decomponha;
> II - quando total, de outros créditos referentes ao mesmo ou a outros tributos.

Note-se que o fato de inexistir tal presunção relativa não significa que a Fazenda Pública deva negar-se a receber um pagamento parcial de crédito tributário; pelo contrário, é esse mesmo dispositivo (art. 158 do CTN) que autoriza recebimento de qualquer valor pago pelo contribuinte.

Local do pagamento

No campo do direito privado, conforme o que dispõe o art. 327 do Código Civil (CC), o pagamento se dá no domicílio do devedor, exceto se as partes convencionarem de modo diverso, ou se o contrário resultar da lei, da natureza da obrigação ou das circunstâncias. Para o direito tributário, quando a legislação não dispuser a respeito do lugar de realização do pagamento, este deverá ser efetuado na repartição competente do domicílio do sujeito passivo, na forma do art. 159 c/c art. 127, ambos do CTN.

De toda forma, em razão da natureza de dívida *portable*, o crédito tributário deve ser pago sempre por iniciativa do contribuinte, ou seja, cabe ao sujeito passivo diligenciar para adimplir a obrigação tributária, independentemente de cobrança por parte do fisco. É nesse sentido a jurisprudência do STJ,[56] como se pode depreender da ementa a seguir colacionada:

[56] BRASIL. Superior Tribunal de Justiça. REsp nº 14.317/RS. Relator: ministro Ari Pargendler. Segunda Turma. Julgamento em 4 de dezembro de 1995. *DJ*, 26 fev. 1996, p. 3981.

TRIBUTÁRIO. PAGAMENTO. QUANDO A LEGISLAÇÃO TRIBUTÁRIA NÃO DISPUSER A RESPEITO, O PAGAMENTO É EFETUADO NA REPARTIÇÃO COMPETENTE DO DOMICÍLIO DO SUJEITO PASSIVO (CTN, ART. 159); SE O CRÉDITO TRIBUTÁRIO ESTIVER SENDO COBRADO JUDICIALMENTE, O PAGAMENTO DEVE SE DAR PERANTE O JUIZ DA CAUSA. RECURSO ESPECIAL CONHECIDO E PROVIDO.

Prazo para pagamento

No que diz respeito ao prazo para pagamento, o art. 160 do CTN estabelece norma geral e supletiva, considerando que, em regra, cabe ao ente tributante competente para instituir o tributo, fixar, por meio da norma cabível, a data de vencimento da obrigação tributária. Assim preceitua o referido art. 160 do CTN:

> Art. 160. Quando a legislação tributária não fixar o tempo do pagamento, o vencimento do crédito ocorre trinta dias depois da data em que se considera o sujeito passivo notificado do lançamento.
> Parágrafo único. A legislação tributária pode conceder desconto pela antecipação do pagamento, nas condições que estabeleça.

O dispositivo supramencionado *não se aplica* aos tributos sujeitos ao lançamento por homologação, pois, nesses casos, o pagamento é realizado antecipadamente; logo, a legislação tributária necessariamente tem de indicar o prazo de pagamento para tais obrigações.

Tendo em vista que o prazo para pagamento não integra os elementos internos do fato gerador do tributo, este não se submete ao princípio da legalidade, admitindo-se, assim, que a data para adimplemento da obrigação esteja prevista em ato infralegal. Sobre o assunto, o STJ[57] esposou o seguinte entendimento:

> TRIBUTÁRIO. ICMS. PRAZO DE PAGAMENTO. POSSIBILIDADE DE FIXAÇÃO POR NORMA INFRALEGAL. CORREÇÃO MONETÁRIA. LEGALIDADE DA UFESP. I – O CTN ADMITE A FIXAÇÃO DO PRAZO PARA PAGAMENTO DE TRIBUTO ATRAVÉS DE NORMA INFRALEGAL (ART. 160 C/C ART. 96 DO CTN). PRECEDENTES. II – RECURSO ESPECIAL NÃO CONHECIDO.

Contudo, não se pode descuidar do fato de que, em função do princípio da hierarquia das normas, caso o referido prazo para pagamento guarde previsão em lei, somente outra lei poderá alterá-lo.

Dos juros de mora

Sobre a incidência dos juros de mora[58] e traçando novamente um paralelo com o direito privado, tem-se que a sistemática do campo tributário se assemelha à do art. 397 do CC.[59] Assim, na hipótese de o devedor deixar de adimplir sua obrigação tributária no prazo para tanto determinado, incidirá ele automaticamente em mora, *ex vi* do art. 161 do CTN, *verbis*:

---

[57] BRASIL. Superior Tribunal de Justiça. REsp nº 115.999/SP. Relator: ministro Adhemar Maciel. Segunda Turma. Julgamento em 4 de dezembro de 1997. *DJ*, 16 fev. 1998, p. 57.
[58] Importante relembrar a diferença entre juros de mora e multa de mora, considerando que aqueles têm natureza indenizatória da perda de capital sofrida pelo credor pelo não recebimento do tributo no dia legalmente previsto, enquanto esta – a multa de mora – tem natureza de penalidade e visa desestimular o inadimplemento da obrigação tributária.
[59] CC: "Art. 397. O inadimplemento da obrigação, positiva e líquida, no seu termo, constitui de pleno direito em mora o devedor".

> Art. 161. O crédito não integralmente pago no vencimento é acrescido de juros de mora, seja qual for o motivo determinante da falta, sem prejuízo da imposição das penalidades cabíveis e da aplicação de quaisquer medidas de garantia previstas nesta Lei ou em lei tributária.
>
> § 1º. Se a lei não dispuser de modo diverso, os juros de mora são calculados à taxa de *um por cento ao mês.*
>
> § 2º. O disposto neste artigo não se aplica na pendência de consulta formulada pelo devedor dentro do prazo legal para pagamento do crédito [grifo nosso].

Em se tratando de tributos federais, aplicar-se-á a taxa do Sistema Especial de Liquidação e de Custódia (Selic), de acordo com o art. 39, § 4º, da Lei nº 9.250/1995.[60] Assim, é questionado se a taxa Selic[61] seria aplicável também quando o contribuinte move ação de repetição de indébito contra a Fazenda Pública Federal e se sagra vencedor. Outra não poderia ser a resposta correta senão a de que, se os débitos do contribuinte são solvidos com a aplicação da taxa Selic, nada mais justo do que aplicar a mesma taxa para a repetição de indébito, sempre a partir de 1º de janeiro de 1996.[62]

---

[60] O art. 39, § 4º, da Lei nº 9.250/1995 determina que, "a partir de 1º de janeiro de 1996, a compensação ou restituição será acrescida de juros equivalentes à taxa referencial do Sistema Especial de Liquidação e de Custódia – SELIC para títulos federais, acumulada mensalmente, calculados a partir da data do pagamento indevido ou a maior até o mês anterior ao da compensação ou restituição e de 1% relativamente ao mês em que estiver sendo efetuada". É de se notar que a Lei nº 9.532/1997, em seu art. 73, disciplinou que "o termo inicial para cálculo dos juros de que trata o § 4º do art. 39 da Lei nº 9.250, de 1995, é o mês subsequente ao do pagamento indevido ou a maior que o devido".

[61] Está pacificado no STJ o entendimento de que a taxa Selic compreende juros e correção monetária.

[62] A respeito da matéria, vide: BRASIL. Superior Tribunal de Justiça. EREsp nº 162.914/PR. Relator: ministro Humberto Gomes de Barros. Segunda Turma. Julgamento em 13 de outubro de 1999. *DJ*, 4 set. 2000; BRASIL. STJ. REsp nº 206.077/SC. Relator: ministro Garcia Vieira. Primeira Turma. Julgamento em 18 de maio de 1999. *DJ*, 1º jul. 1999.

Forma de pagamento

O art. 162 do CTN preceitua quais são as formas de pagamento do tributo que, em regra, se dá em moeda corrente no país, sendo certo que a lei pode estabelecer forma alternativa de adimplemento, desde que tal modo de recolhimento não seja mais oneroso para o contribuinte. Eis a redação do referido dispositivo:

> Art. 162. O pagamento é efetuado:
> I - em moeda corrente, cheque ou vale postal;
> II - nos casos previstos em lei, em estampilha, em papel selado, ou por processo mecânico.
> § 1º. A legislação tributária pode determinar as garantias exigidas para o pagamento por cheque ou vale postal, desde que não o torne impossível ou mais oneroso que o pagamento em moeda corrente.
> § 2º. O crédito pago por cheque somente se considera extinto com o resgate deste pelo sacado.
> § 3º. O crédito pagável em estampilha considera-se extinto com a inutilização regular daquela, ressalvado o disposto no artigo 150.
> § 4º. A perda ou destruição da estampilha, ou o erro no pagamento por esta modalidade, não dão direito a restituição, salvo nos casos expressamente previstos na legislação tributária, ou naquelas em que o erro seja imputável à autoridade administrativa.
> § 5º. O pagamento em papel selado ou por processo mecânico equipara-se ao pagamento em estampilha.

Da dação em pagamento

Outra questão que surge com relação ao tema diz respeito à interpretação conjunta do art. 3º e do art. 156, ambos do

CTN, especialmente após este último ter sido alterado pela LC nº 104/2001. Isso porque, com a inclusão do inciso XI no art. 156 do CTN pela referida lei complementar, passou-se a admitir como forma de extinção do crédito tributário a dação em pagamento em bens imóveis, na forma e condições estabelecidas em lei. Dita a legislação:

> Art. 3º. Tributo é toda prestação pecuniária compulsória, em moeda ou cujo valor nela se possa exprimir, que não constitua sanção de ato ilícito, instituída em lei e cobrada mediante atividade administrativa plenamente vinculada.
>
> Art. 156. Extinguem o crédito tributário:
> I - o pagamento;
> II - a compensação;
> III - a transação;
> IV - remissão;
> V - a prescrição e a decadência;
> VI - a conversão de depósito em renda;
> VII - o pagamento antecipado e a homologação do lançamento nos termos do disposto no artigo 150 e seus §§ 1º e 4º;
> VIII - a consignação em pagamento, nos termos do disposto no § 2º do artigo 164;
> IX - a decisão administrativa irreformável, assim entendida a definitiva na órbita administrativa, que não mais possa ser objeto de ação anulatória;
> X - a decisão judicial passada em julgado;
> XI - a dação em pagamento em bens imóveis, na forma e condições estabelecidas em lei. (Incluído pela Lcp no 104, de 10.1.2001).
> Parágrafo único. A lei disporá quanto aos efeitos da extinção total ou parcial do crédito sobre a ulterior verificação da irregularidade da sua constituição, observado o disposto nos artigos 144 e 149.

Sobre o tema, Luiz Emygdio F. da Rosa Jr.[63] destaca que o art. 3º do CTN admite, inclusive, que a lei possa autorizar o adimplemento da obrigação tributária mediante dação em bens. De acordo com o autor,[64] com o acréscimo do inciso XI ao art. 156 daquele diploma eventuais dúvidas sobre tal possibilidade foram eliminadas, "vez que a relação constante do art. 156 deve ser entendida em caráter exemplificativo e não taxativo".

No mesmo sentido posiciona-se Luciano Amaro,[65] quando assevera que o rol do art. 156 tem natureza exemplificativa e, embora a alteração promovida pela LC nº 104/2001 tenha incluído como forma de extinção do crédito tributário a dação em pagamento apenas de bens imóveis, não se deve considerar banida a possibilidade de extinguir-se o referido crédito mediante a dação de outros bens.

No entanto, a dação em pagamento, mesmo após a edição da lei complementar acima citada, não constitui a forma ordinária de extinção do crédito tributário, dependendo de lei específica que autorize o contribuinte a pagar o tributo por meio da entrega de bem que não seja dinheiro.[66]

A propósito, vale citar um acórdão[67] do Superior Tribunal de Justiça, em que se julgou a pretensão do contribuinte em

[63] ROSA JR., Luiz Emygdio F. da. *Manual de direito financeiro e direito tributário*. 18. ed. rev. e atual. Rio de Janeiro: Renovar, 2005. p. 199-200.

[64] Ibid.

[65] AMARO, Luciano. *Direito tributário brasileiro*. 12. ed. rev. e atual. São Paulo: Saraiva, 2006. p. 390-391.

[66] Sobre o assunto, é assinalado que "pode ocorrer que a lei admita, em circunstâncias especiais, a extinção do crédito tributário mediante dação em pagamento. Isto, porém, constituirá exceção que não infirma a regra, mas, pelo contrário, a confirma" (MACHADO, Hugo de Brito. *Curso de direito tributário*. 25. ed. rev. atual. e ampl. São Paulo: Malheiros, 2004. p. 70).

[67] BRASIL. Superior Tribunal de Justiça. REsp nº 480.404. Relator: ministro Luiz Fux. Primeira Turma. Julgamento em 20 de novembro de 2003. *DJ*, 19 dez. 2003, grifos nossos. No mesmo sentido: BRASIL. Superior Tribunal de Justiça. AgRg no REsp nº 691.996. Relator: ministro Luiz Fux. Primeira Turma. Julgamento em 7 de março de 2006. *DJ*, 20 mar. 2006.

quitar débitos próprios referentes ao Imposto Sobre Serviço (ISS) mediante dação de títulos da dívida agrária, sem que houvesse previsão legal expressa que permitisse a extinção do crédito por meio de dação em pagamento, *in verbis*:

> *Tributário. ISS. AÇÃO DE CONSIGNAÇÃO EM PAGAMENTO. TÍTULO DA DÍVIDA AGRÁRIA. IMPOSSIBILIDADE.*
>
> 1. A consignação em pagamento e a dação obedecem ao princípio estrito da legalidade, por isso que, não se enquadrando nas hipóteses legalmente previstas, não há extinção do crédito tributário. Deveras, como consequência, a regra é a quitação específica da exação.
> 2. A ação consignatória julgada procedente extingue o crédito tributário e é levada a efeito através do depósito da quantia apta à satisfação do débito respectivo. Seu êxito reclama o adimplemento da obrigação tributária na forma da lei para o pagamento dos tributos em geral.
> 3. *O débito tributário deve, necessariamente, ser pago "em moeda ou cujo valor nela se possa exprimir". A dação em pagamento, para o fim de quitação de obrigação tributária, só é aceita em hipóteses elencadas legalmente.*
> 4. Não se pode proceder a encontro de contas se o crédito com que se pretende quitar o débito não é oponível ao titular do crédito que se deve adimplir; vale dizer, créditos de TDAs em confronto com débito municipal.
> 5. Na ação de consignação em pagamento o credor não pode ser compelido a receber coisa diversa do objeto da obrigação. *Em se tratando de dívida tributária, indisponível à Autoridade Fazendária, não há como se admitir a dação em pagamento por via de título da dívida pública, se este procedimento escapa à estrita legalidade.*
> 6. Recurso Especial parcialmente conhecido e, nessa parte, desprovido.

Sublinhe-se que, no voto do ministro relator Luiz Fux,[68] há referência à doutrina de Sacha Calmon Navarro Coêlho, segundo a qual "o pagamento do tributo só pode ser mesmo em moeda ou em valor que nela se possa exprimir (papel selado, selo, estampilha, vale postal, cheque)", eis que, no direito tributário, "o Estado só pode receber, em dação em pagamento, coisa diversa do dinheiro se autorizado por lei. O crédito tributário é indisponível pela Administração".[69]

Como já ressaltado, mesmo não sendo a regra, há alguns casos em que a lei permite o pagamento de tributo mediante a dação em pagamento. Nesse sentido, o Decreto-Lei nº 195, de 24 de fevereiro de 1967 – que disciplina a cobrança da contribuição de melhoria –, estabelece em seu art. 12, § 4º: "É lícito ao contribuinte liquidar a Contribuição de Melhoria com títulos da dívida pública, emitidos especialmente para financiamento da obra pela qual foi lançado".

Fato é que, a partir da alteração promovida pela LC nº 104/2001, do teor do art. 156, XI, do CTN, extrai-se a interpretação de que o pagamento de tributo por meio da dação em pagamento poderá ocorrer com a oferta de bens imóveis e na forma de lei específica. Dessa exegese sustenta-se, portanto, que caberia a cada ente federado regular, em função de sua autonomia, a viabilidade ou não da utilização do instituto da dação em pagamento como forma de extinção do crédito de natureza tributária.

De toda forma, o assunto foi levado à discussão no Supremo Tribunal Federal que, apreciando a ADI nº 1.917/DF em 26 de abril de 2007,[70] por unanimidade, julgou procedente o pedido

---

[68] Ibid.

[69] COÊLHO, Sacha Calmon Navarro. *Curso de direito tributário brasileiro*. Rio de Janeiro: Forense, 2003. p. 692.

[70] BRASIL. Supremo Tribunal Federal. ADI nº 1.917/DF. Relator: ministro Ricardo Levandowski. Tribunal Pleno. Julgamento em 26 de abril de 2007. *DJ*, 7 maio 2007.

para reconhecer a inconstitucionalidade de lei do Distrito Federal que previu como forma de pagamento de débitos tributários das microempresas e das empresas de pequeno e médio portes, a dação em pagamento de materiais destinados a atender a programas de governo daquele ente político.

O Pretório Excelso noticiou, no Informativo nº 464, que o entendimento adotado pelo Tribunal Pleno foi no sentido de que a norma impugnada violou o art. 37, XXI, da CRFB/1988, por afastar a incidência do procedimento licitatório demandado à aquisição de bens pela administração pública, e por ofender o art. 146, III, também da Constituição, que exige lei complementar para o estabelecimento de normas gerais em matéria de legislação tributária.

Disso se conclui que o Supremo Tribunal Federal tem se posicionado no sentido de admitir a quitação de débitos tributários por meio da dação em pagamento, mas apenas mediante a oferta de bens imóveis, na forma prevista no inciso XI do art. 156 do CTN,[71] remetendo-se à lei ordinária a regulamentação da forma e das condições em que se dará tal extinção do crédito.[72]

Imputação do pagamento

O CTN trata da imputação do pagamento no sentido de que:

[71] BRASIL. Supremo Tribunal Federal. ADI nº 2.405/RS. Relator: ministro Ayres Britto. Julgamento em 6 de novembro de 2002. *DJ*, 17 fev. 2006.

[72] Como bem ressalta: "A obrigação tributária é de prestar dinheiro ao Estado. O CTN prevê, é certo, em seu art. 156 e demais dispositivos que regulam a extinção do crédito tributário, a possibilidade de a legislação dispor sobre a compensação de créditos do contribuinte e do Fisco e de autorizar a dação de bens imóveis em pagamento. Mas a forma de liberação, até porque sempre se reportará a um valor em moeda correspondente à obrigação tributária, não altera a essência da natureza da prestação" (PAULSEN, Leandro. *Direito tributário:* Constituição e Código Tributário à luz da doutrina e da jurisprudência. 9. ed. rev. e atual. Porto Alegre: Livraria do Advogado, 2007. p. 607).

Art. 163. Existindo simultaneamente dois ou mais débitos vencidos do mesmo sujeito passivo para com a mesma pessoa jurídica de direito público, relativos ao mesmo ou a diferentes tributos ou provenientes de penalidade pecuniária ou juros de mora, a autoridade administrativa competente para receber o pagamento determinará a respectiva imputação, obedecidas as seguintes regras, na ordem em que enumeradas:
I - em primeiro lugar, aos débitos por obrigação própria, e em segundo lugar aos decorrentes de responsabilidade tributária;
II - primeiramente, às contribuições de melhoria, depois às taxas e por fim aos impostos;
III - na ordem crescente dos prazos de prescrição;
IV - na ordem decrescente dos montantes.

Acerca da imputação ao pagamento, Luciano Amaro[73] assinala que no âmbito do direito tributário, "esse problema normalmente não aparece, pois o recolhimento de tributos e eventuais encargos se costuma fazer por meio de guias nas quais se indica expressamente a obrigação que é quitada".

Seguindo a mesma linha de raciocínio, Hugo de Brito Machado[74] sustenta:

> Essa regra do Código, todavia, tem pouca ou nenhuma aplicação, eis que os pagamentos são geralmente feitos em estabelecimentos bancários, que não exercem qualquer controle quanto a estes aspectos. Isto, porém, não causa problema algum, pois ao fisco sempre restará o direito de cobrar débitos anteriores, ou diferenças havidas no pagamento, como já explicamos.

[73] AMARO, Luciano. *Direito tributário brasileiro*, 2008, op. cit., p. 393.
[74] MACHADO, Hugo de Brito. *Curso de direito tributário*. 10. ed. São Paulo: Malheiros, 1995. p. 133-134.

De toda forma, tal fenômeno traduz a escolha do credor, autorizada por lei, sobre qual débito será extinto quando o devedor tem mais de um deles, observada a ordem de prioridades listada no referido art. 163 do CTN.

Pagamento indevido: restituição do indébito tributário

Uma questão incidente e relevante sobre o tema diz respeito ao fato de que, no âmbito do direito tributário, *não* se aplica o senso comum do mau pagador; portanto, "quem paga mal *não* paga duas vezes". Afirma-se isso com base no raciocínio de que as obrigações tributárias são decorrentes da lei (princípio da legalidade). Logo, se o pagamento fora indevido ou errado, a repetição é direito do pagador, pois, caso contrário, haveria enriquecimento sem causa por parte do fisco. Assim, o sujeito passivo, caso promova qualquer pagamento indevido ou o faça a maior, tem direito à restituição de tais valores por meio da ação de repetição de indébito, conforme o art. 165 do CTN. Mas qual o prazo prescricional para o sujeito passivo pleitear a restituição mediante o ajuizamento da ação?

Define o CTN:

> Art. 168. O direito de pleitear a restituição extingue-se com o decurso do prazo de cinco anos, contados:
>
> I - nas hipóteses dos incisos I e II do artigo 165,[75] da data da extinção do crédito tributário;

[75] CTN: "Art. 165. O sujeito passivo tem direito, independentemente de prévio protesto, à restituição total ou parcial do tributo, seja qual for a modalidade do seu pagamento, ressalvado o disposto no § 4º do artigo 162, nos seguintes casos: I – cobrança ou pagamento espontâneo de tributo indevido ou maior que o devido em face da legislação tributária aplicável, ou da natureza ou circunstâncias materiais do fato gerador efetivamente ocorrido; II – erro na edificação do sujeito passivo, na determinação da alíquota aplicável, no cálculo do montante do débito ou na elaboração ou conferência de qualquer documento relativo ao pagamento; III - reforma, anulação, revogação ou rescisão de decisão condenatória".

> II - na hipótese do inciso III do artigo 165, da data em que se tornar definitiva a decisão administrativa ou passar em julgado a decisão judicial que tenha reformado, anulado, revogado ou rescindido a decisão condenatória.

Quanto ao termo *a quo* do prazo para ajuizar a ação de repetição de indébito será a data do pagamento indevido ou a maior, inclusive para os tributos sujeitos ao lançamento por homologação, porquanto o art. 3º da LC nº 118/2005 assim interpretou o art. 168, I, do CTN.[76]

Em se tratando de tributos indiretos, o art. 166 do CTN e o verbete sumular nº 546 do STF assim preceituam:

> Art. 166. A restituição de tributos que comportem, por sua natureza, transferência do respectivo encargo financeiro somente será feita a quem prove haver assumido o referido encargo, ou, no caso de tê-lo transferido a terceiro, estar por este expressamente autorizado a recebê-la.

> STF. SÚMULA Nº 546: Cabe a restituição do tributo pago indevidamente, quando reconhecido por decisão, que o contribuinte "de jure" não recuperou do contribuinte "de facto" o "quantum" respectivo.

[76] LC nº 118/2005: "Art. 3º. Para efeito de interpretação do inciso I do art. 168 da Lei nº 5.172, de 25 de outubro de 1966 – Código Tributário Nacional, a extinção do crédito tributário ocorre, no caso de tributo sujeito a lançamento por homologação, no momento do pagamento antecipado de que trata o § 1º do art. 150 da referida Lei". É de se notar que, conforme decidido pelo STJ, tal dispositivo apenas pode ser aplicado com eficácia prospectiva, incidindo unicamente sobre situações ocorridas a partir de sua vigência, na forma do que entendeu aquela Corte Superior em: BRASIL. Superior Tribunal de Justiça. AgRg no Ag nº 633.462/SP. Relator: ministro Teori Albino Zavascki. Primeira Turma. Julgamento em 17 de março de 2005. *DJ*, 4 abr. 2005, p. 193; BRASIL. STJ. EREsp nº 437.379/MG. Relator: ministro Teori Albino Zavascki. Primeira Seção. Julgamento em 24 de outubro de 2007. *DJ*, 19 nov. 2007, p. 180.

Assim, percebe-se que sujeito ativo da ação repetitória será o contribuinte ou o responsável tributário que tiver suportado o ônus (encargo) financeiro decorrente da incidência do tributo. Daí questionar se ao contribuinte de fato (que efetivamente sofreu e incidênca do tributo) atribui-se legitimidade ativa processual para ajuizar demanda de repetição de indébito atinente a um tributo indireto.

Ao longo do tempo, é possível encontrar, no âmbito da jurisprudência do STJ, inúmeros precedentes os quais, em questões tributárias envolvendo impostos indiretos, aquele tribunal reconheceu a ilegitimidade ativa do contribuinte de fato para ajuizar ações de repetição do indébito. Tal entendimento pretoriano repousa no argumento de que o contribuinte de fato não titulariza uma relação jurídica material com o fisco. É o caso, por exemplo, do IPI incidente sobre os descontos incondicionais recolhidos pelo contribuinte *de iure* – fabricante de bebidas. Noutras oportunidades, no entanto, entendeu o STJ que o consumidor seria parte legítima para postular a restituição de tributos como o ICMS e o IPI em juízo. Logo se vê que o tratamento do tema naquela Corte Superior não era homogêneo.

Pode-se, inclusive, reconhecer que o STJ quase sempre decidiu de forma casuística quanto ao reconhecimento, ou não, da legitimidade do contribuinte de fato para postular em juízo a restituição de indébito tributário. Ora se prestigia o conteúdo normativo do art. 166 do CTN (que, em tese, confere a legitimidade àquele que suportou o encargo do tributo), ora tal preceito é esvaziado pela jurisprudência, quando se declara o consumidor parte ilegítima para figurar no polo ativo de tais ações.

No caso do ICMS sobre demanda contratada, por exemplo, o STJ oscilou – e muito – no campo do reconhecimento ou não da legitimidade ativa *ad causam* do consumidor (contribuinte de fato). É de se notar até que, em data relativamente recente, o Superior Tribunal de Justiça – mesmo após o julgado do caso paradigma que mudou a posição da jurisprudência da Corte, como veremos a seguir – ainda esposava o entendimento pela legitimidade do contribuinte de fato:

> RECURSO ESPECIAL. PROCESSUAL CIVIL. TRIBUTÁRIO. AUSÊNCIA DE VIOLAÇÃO DOS ARTS. 135, 458 E 535 DO CPC. INTERESSE DE AGIR. FUNDAMENTAÇÃO DEFICIENTE. SÚMULA 284/STF. MÉRITO. ICMS. ENERGIA ELÉTRICA. DEMANDA RESERVADA. LEGITIMIDADE AD CAUSAM DO ESTADO E DO CONSUMIDOR FINAL. FATO GERADOR. ENERGIA CONSUMIDA, E NÃO DEMANDA CONTRATADA. RECURSO DESPROVIDO. 1. Não viola os arts. 165, 458 e 535 do CPC, tampouco nega a prestação jurisdicional, o acórdão que, mesmo sem ter examinado individualmente cada um dos argumentos trazidos pelo vencido, adotou, entretanto, fundamentação suficiente para decidir de modo integral a controvérsia. 2. Na interposição do recurso especial com fundamento na alínea "a" do permissivo constitucional, não basta a simples menção da norma federal tida por violada, é necessária a demonstração clara e precisa da ofensa em que teria incorrido o acórdão recorrido, sob pena de não conhecimento do recurso, por deficiência na fundamentação (Súmula 284/STF). 3. Nas ações que versam sobre a contratação de energia elétrica sob a sistemática de demanda reservada de potência, o Estado é parte legítima para figurar no polo passivo da demanda, e não as concessionárias de energia elétrica, bem como *o consumidor final é o sujeito passivo da obrigação tributária, na condição de contribuinte de direito e, ao mesmo tempo, de contribuinte de fato; portanto, é parte legítima para demandar visando à inexigibilidade do ICMS*. 4. "O fato gerador do ICMS dá-se com a efetiva saída do bem do estabelecimento produtor, a qual não é presumida por contrato em que se estabelece uma demanda junto à fornecedora de energia elétrica sem a sua efetiva utilização. Tal consectário é

extraído da interpretação dos arts. 2º e 19 do Convênio 66/88" (REsp 825.350/MT, 2ª Turma, Rel. Min. Castro Meira, DJ de 26.5.2006). 5. Recurso especial desprovido.[77]

Ocorre que, quando da apreciação do REsp nº 903394/AL, julgado em 24 de março de 2010 (*DJe*, 26 abr. 2010), o STJ, em movimento pendular, abraçou justamente o entendimento oposto, no sentido de que somente o contribuinte de direito tem legitimidade para integrar o polo ativo da ação judicial que objetiva a restituição do tributo indireto indevidamente recolhido:

> PROCESSO CIVIL. RECURSO ESPECIAL REPRESENTATIVO DE CONTROVÉRSIA. ARTIGO 543-C, DO CPC. TRIBUTÁRIO. IPI. RESTITUIÇÃO DE INDÉBITO. DISTRIBUIDORAS DE BEBIDAS. CONTRIBUINTES DE FATO. ILEGITIMIDADE ATIVA AD CAUSAM. SUJEIÇÃO PASSIVA APENAS DOS FABRICANTES (CONTRIBUINTES DE DIREITO). RELEVÂNCIA DA REPERCUSSÃO ECONÔMICA DO TRIBUTO APENAS PARA FINS DE CONDICIONAMENTO DO EXERCÍCIO DO DIREITO SUBJETIVO DO CONTRIBUINTE DE JURE À RESTITUIÇÃO (ARTIGO 166, DO CTN). LITISPENDÊNCIA. PRÉ-QUESTIONAMENTO. AUSÊNCIA. SÚMULAS 282 E 356/STF. REEXAME DE MATÉRIA FÁTICO-PROBATÓRIA. SÚMULA 7/STJ. APLICAÇÃO.
> 1. O "contribuinte de fato" (*in casu*, distribuidora de bebida) não detém legitimidade ativa *ad causam* para pleitear a restituição do indébito relativo ao IPI incidente sobre os descontos incondicionais, recolhido pelo "contribuinte de direito" (fabricante de bebida), por não integrar a relação jurídica tributária pertinente.

[77] BRASIL. Superior Tribunal de Justiça. REsp nº 952;834/MG. Relatora: ministra Denise Arruda. Primeira Turma. Julgamento em 4 de setembro de 2007. *DJ*, 12 dez. 2007, p. 407, grifo nosso.

2. O Código Tributário Nacional, na seção atinente ao pagamento indevido, preceitua que: "Art. 165. O sujeito passivo tem direito, independentemente de prévio protesto, à restituição total ou parcial do tributo, seja qual for a modalidade do seu pagamento, ressalvado o disposto no § 4º do artigo 162, nos seguintes casos: I - cobrança ou pagamento espontâneo de tributo indevido ou maior que o devido em face da legislação tributária aplicável, ou da natureza ou circunstâncias materiais do fato gerador efetivamente ocorrido; II - erro na edificação do sujeito passivo, na determinação da alíquota aplicável, no cálculo do montante do débito ou na elaboração ou conferência de qualquer documento relativo ao pagamento; III - reforma, anulação, revogação ou rescisão de decisão condenatória. Art. 166. A restituição de tributos que comportem, por sua natureza, transferência do respectivo encargo financeiro somente será feita a quem prove haver assumido o referido encargo, ou, no caso de tê-lo transferido a terceiro, estar por este expressamente autorizado a recebê-la".
3. Consequentemente, é certo que o recolhimento indevido de tributo implica na obrigação do Fisco de devolução do indébito ao contribuinte detentor do direito subjetivo de exigi-lo.
4. Em se tratando dos denominados "tributos indiretos" (aqueles que comportam, por sua natureza, transferência do respectivo encargo financeiro), a norma tributária (artigo 166 do CTN) impõe que a restituição do indébito somente se faça ao contribuinte que comprovar haver arcado com o referido encargo ou, caso contrário, que tenha sido autorizado expressamente pelo terceiro a quem o ônus foi transferido.
5. A exegese do referido dispositivo indica que: "[...] o art. 166, do CTN, embora contido no corpo de um típico veículo introdutório de norma tributária, veicula, nesta parte, norma específica de direito privado, que atribui ao terceiro o direito de retomar do contribuinte tributário, apenas nas hipóteses em

que a transferência for autorizada normativamente, as parcelas correspondentes ao tributo indevidamente recolhido: trata-se de norma privada autônoma, que não se confunde com a norma construída da interpretação literal do art. 166 do CTN. É desnecessária qualquer autorização do contribuinte de fato ao de direito, ou deste àquele. Por sua própria conta, poderá o contribuinte de fato postular o indébito, desde que já recuperado pelo contribuinte de direito junto ao Fisco. No entanto, note-se que o contribuinte de fato não poderá acionar diretamente o Estado, por não ter com este nenhuma relação jurídica. Em suma: o direito subjetivo à repetição do indébito pertence exclusivamente ao denominado contribuinte de direito. Porém, uma vez recuperado o indébito por este junto ao Fisco, pode o contribuinte de fato, com base em norma de direito privado, pleitear junto ao contribuinte tributário a restituição daqueles valores. A norma veiculada pelo art. 166 não pode ser aplicada de maneira isolada, há de ser confrontada com todas as regras do sistema, sobretudo com as veiculadas pelos arts. 165, 121 e 123 do CTN. Em nenhuma delas está consignado que o terceiro que arque com o encargo financeiro do tributo possa ser contribuinte. Portanto, só o contribuinte tributário tem direito à repetição do indébito. Ademais, restou consignado alhures que o fundamento último da norma que estabelece o direito à repetição do indébito está na própria Constituição, mormente no primado da estrita legalidade. Com efeito a norma veiculada pelo art. 166 choca-se com a própria Constituição Federal, colidindo frontalmente com o princípio da estrita legalidade, razão pela qual há de ser considerada como regra não recepcionada pela ordem tributária atual. E, mesmo perante a ordem jurídica anterior, era manifestamente incompatível frente ao Sistema Constitucional Tributário então vigente" (Marcelo Fortes de Cerqueira, in "Curso de Especialização em Direito Tributário – Estudos Analíticos em Homenagem a Paulo de Barros

Carvalho", Coordenação de Eurico Marcos Diniz de Santi, Ed. Forense, Rio de Janeiro, 2007, págs. 390/393).
6. Deveras, o condicionamento do exercício do direito subjetivo do contribuinte que pagou tributo indevido (contribuinte de direito) à comprovação de que não procedera à repercussão econômica do tributo ou à apresentação de autorização do "contribuinte de fato" (pessoa que sofreu a incidência econômica do tributo), à luz do disposto no artigo 166 do CTN, não possui o condão de transformar sujeito alheio à relação jurídica tributária em parte legítima na ação de restituição de indébito.
7. À luz da própria interpretação histórica do artigo 166 do CTN, dessume-se que somente o contribuinte de direito tem legitimidade para integrar o polo ativo da ação judicial que objetiva a restituição do "tributo indireto" indevidamente recolhido (Gilberto Ulhôa Canto, "Repetição de Indébito", in Caderno de Pesquisas Tributárias, nº 8, p. 2-5, São Paulo, Resenha Tributária, 1983; e Marcelo Fortes de Cerqueira, in "Curso de Especialização em Direito Tributário – Estudos Analíticos em Homenagem a Paulo de Barros Carvalho", Coordenação de Eurico Marcos Diniz de Santi, Ed. Forense, Rio de Janeiro, 2007, págs. 390/393).
8. É que, na hipótese em que a repercussão econômica decorre da natureza da exação, "o terceiro que suporta com o ônus econômico do tributo não participa da relação jurídica tributária, razão suficiente para que se verifique a impossibilidade desse terceiro vir a integrar a relação consubstanciada na prerrogativa da repetição do indébito, não tendo, portanto, legitimidade processual" (Paulo de Barros Carvalho, in "Direito Tributário – Linguagem e Método", 2ª ed., São Paulo, 2008, Ed. Noeses, pág. 583).
9. *In casu*, cuida-se de mandado de segurança coletivo impetrado por substituto processual das empresas distribuidoras de bebidas, no qual se pretende o reconhecimento do alegado direito líquido e certo de não se submeterem à cobrança de IPI incidente sobre os descontos incondicionais (artigo 14, da Lei 4.502/65, com a

redação dada pela Lei 7.798/89), bem como de compensarem os valores indevidamente recolhidos àquele título.

[...]

13. *Mutatis mutandis*, é certo que: 1. Os consumidores de energia elétrica, de serviços de telecomunicação não possuem legitimidade ativa para pleitear a repetição de eventual indébito tributário do ICMS incidente sobre essas operações. 2. *A caracterização do chamado contribuinte de fato presta-se unicamente para impor uma condição à repetição de indébito pleiteada pelo contribuinte de direito, que repassa o ônus financeiro do tributo cujo fato gerador tenha realizado (art. 166 do CTN), mas não concede legitimidade* ad causam *para os consumidores ingressarem em juízo com vistas a discutir determinada relação jurídica da qual não façam parte.* 3. Os contribuintes da exação são aqueles que colocam o produto em circulação ou prestam o serviço, concretizando, assim, a hipótese de incidência legalmente prevista. 4. Nos termos da Constituição e da LC 86/97, o consumo não é fato gerador do ICMS. 5. Declarada a ilegitimidade ativa dos consumidores para pleitear a repetição do ICMS (RMS 24.532/AM, Rel. Ministro Castro Meira, Segunda Turma, julgado em 26.08.2008, DJe 25.09.2008).

14. Consequentemente, revela-se escorreito o entendimento exarado pelo acórdão regional no sentido de que "as empresas distribuidoras de bebidas, que se apresentam como contribuintes de fato do IPI, não detêm legitimidade ativa para postular em juízo o creditamento relativo ao IPI pago pelos fabricantes, haja vista que somente os produtores industriais, como contribuintes de direito do imposto, possuem legitimidade ativa".

15. Recurso especial desprovido. Acórdão submetido ao regime do artigo 543-C, do CPC, e da Resolução STJ 08/2008.[78]

[78] BRASIL. Superior Tribunal de Justiça. REsp nº 903.394/AL. Relator: ministro Luiz Fux. Primeira Seção. Julgamento em 24 de março de 2010. *DJe*, 26 abr. 2010, grifo nosso.

Igualmente, no EDcl no AgRg no Ag nº 1.109.246/RJ, julgado pela Primeira Turma do STJ, tratou-se da repetição de indébito relativo à demanda contratada de energia elétrica e nele restou novamente externada a mudança radical no entendimento jurisprudencial, *verbis*:

> TRIBUTÁRIO. EMBARGOS DE DECLARAÇÃO NO AGRAVO REGIMENTAL NO AGRAVO DE INSTRUMENTO. OMISSÃO. OCORRÊNCIA. ICMS. ENERGIA ELÉTRICA. IMPOSTO INDIRETO. LEGITIMIDADE ATIVA AD CAUSAM. CONTRIBUINTE DE DIREITO.
> ALTERAÇÃO DA JURISPRUDÊNCIA A PARTIR DO JULGAMENTO DO RESP 903.394/AL, REALIZADO SOB O RITO DO ART. 543-C DO CPC. EMBARGOS ACOLHIDOS MEDIANTE ATRIBUIÇÃO DE EFEITOS MODIFICATIVOS. AGRAVO DE INSTRUMENTO CONHECIDO. RECURSO ESPECIAL PROVIDO.
> 1. O acórdão embargado, de forma equivocada, ao entendimento de que se discutia a legitimidade passiva, e não ativa, decidiu: "as concessionárias de energia elétrica não possuem legitimidade *ad causam* para figurar no polo passivo das ações que tratam da cobrança de ICMS sobre a demanda contratada de energia elétrica, uma vez que somente arrecadam e transferem os valores referentes ao tributo para o Estado".
> 2. "A partir do julgamento do REsp 903.394/AL, realizado sob o rito do art. 543-C do CPC, ficou decidido que apenas o contribuinte de direito tem legitimidade ativa *ad causam* para demandar judicialmente a restituição de indébito referente a tributos indiretos" (AgRg no AgRg no REsp 1.086.196/RS, Rel. Min. BENEDITO GONÇALVES, Primeira Turma, DJe 17/12/10).
> 3. O entendimento acima referido vem sendo adotado no tocante ao ICMS incidente sobre o consumo de energia elétrica, hipótese em que *o consumidor final, contribuinte de fato, não tem*

legitimidade para ajuizar ação de repetição de eventual indébito tributário, mas somente a concessionária do serviço público em tela, contribuinte de direito, que fornece ou promove a sua circulação, conforme dispõe o art. 4º, caput, *da Lei Complementar 87/96.*
4. Embargos de declaração acolhidos, com atribuição de efeitos infringentes, para conhecer do agravo de instrumento a fim de dar provimento ao recurso especial.[79]

Ao final, vale unicamente registrar que quanto ao termo *a quo* da aplicação da correção monetária e dos juros na repetição de indébito tributário, existem respectivamente dois verbetes sumulares do Superior Tribunal de Justiça: o verbete nº 162, que dispõe que na repetição de indébito tributário, a correção monetária incide a partir do pagamento indevido, e o verbete de nº 188 que, quanto aos juros, preleciona que estes são devidos a partir do trânsito em julgado da sentença.

Conversão do depósito em renda

Trata-se de hipótese de extinção do crédito tributário prevista no art. 156, VI, do CTN e ocorre quando a controvérsia é resolvida a favor da Fazenda Pública. Nesse caso, o juiz determinará, após a ocorrência da coisa julgada material e formal, a conversão do depósito em renda, extinguindo o crédito tributário.

O depósito obsta a aplicação de juros e a imposição de penalidades. Caso o sujeito passivo ganhe a demanda, reaverá o numerário, dispensadas a repetição de indébito e a sujeição aos precatórios.

[79] BRASIL. Superior Tribunal de Justiça. EDcl no AgRg no Ag nº 1.109.246/RJ. Relator: ministro Arnaldo Esteves Lima. Primeira Turma. Julgamento em 22 de fevereiro de 2011. *DJe*, 3 mar. 2011, grifo nosso.

Pagamento antecipado e homologação do lançamento

Ocorre nos tributos submetidos ao lançamento por homologação em que o sujeito passivo faz o pagamento com base na apuração realizada por ele mesmo; logo, paga o tributo antes do lançamento.

Nesses casos, quando o fisco verifica a correção do pagamento antecipado pelo contribuinte, homologa sua conduta e, com isso, extingue o crédito existente, ou seja, a extinção não se dá com o pagamento, mas com o pagamento + homologação, na forma do art. 150, § 4º, c/c art. 156, VII, ambos do CTN, bem como o art. 149, V, também do CTN (lançamento suplementar).

Sobre o tema, Luciano Amaro[80] assinala que inexiste diferença de natureza entre o pagamento mencionado no art. 156, VII, e o previsto no inciso I do mesmo artigo, pois "tanto se paga tributo *lançado* quanto se paga tributo *não previamente lançado* (quando ele se sujeite à modalidade por homologação)". A rigor, para o jurista, o que se dá no caso do art. 156, VII, é que o pagamento, "embora se preste a satisfazer a obrigação tributária, pode não ser suficiente para extingui-la totalmente, e, então, caberá lançamento de ofício para exigência da diferença".

Dessa forma, mesmo que inexista ulterior homologação do pagamento antecipado realizado pelo devedor, este extinguirá, embora parcialmente, a obrigação tributária.

Consignação em pagamento

A ação consignatória tem previsão nos arts. 890 a 900 do CPC, e, no âmbito do direito tributário, a consignação em pagamento está prevista no art. 164 do CTN. Tal hipótese de

[80] AMARO, Luciano. *Direito tributário brasileiro*, 2008, op. cit., p. 388.

extinção somente pode versar sobre o crédito que o consignante se propõe a pagar (CTN, art. 164, § 1º) e se mostra cabível em três hipóteses:

> I - de recusa de recebimento, ou subordinação deste ao pagamento de outro tributo ou de penalidade, ou ao cumprimento de obrigação acessória;
> II - de subordinação do recebimento ao cumprimento de exigências administrativas sem fundamento legal;
> III - de exigência, por mais de uma pessoa jurídica de direito público, de tributo idêntico sobre o mesmo fato gerador.

A consignação extinguirá o crédito tributário, e a importância consignada será convertida em renda caso o contribuinte consigne integralmente o que a Fazenda Pública entenda devido e seja julgada procedente a ação.

Se a ação for julgada improcedente no todo ou em parte, o contribuinte terá de saldar o crédito acrescido de juros e multas – não há suspensão do crédito, conforme dispõe o § 2º do art. 164 do CTN –, além da correção monetária, custas e honorários advocatícios.

Decisão administrativa irreformável, assim entendida a definitiva na órbita administrativa, que não mais possa ser objeto de ação anulatória

O sujeito passivo impugna administrativamente e o próprio fisco reconhece que o tributo não é devido. Sobre o assunto, Leandro Paulsen[81] leciona:

---

[81] PAULSEN, Leandro. *Direito tributário*: Constituição e Código Tributário à luz da doutrina e da jurisprudência. 13. ed. rev. e atual. Porto Alegre: Livraria do Advogado, 2011. p. 1155-1156.

A norma refere-se à decisão que reconhece a inexistência do crédito. Isso porque, se a decisão administrativa simplesmente reconhece vícios formais do lançamento e o anula, só haverá extinção do crédito se a fazenda não efetuar novo lançamento no prazo decadencial.

Decisão judicial passada em julgado

O sujeito passivo impugna judicialmente e o Judiciário decide que o tributo não é devido. Trata-se do último pronunciamento da autoridade julgadora. A rigor, extingue o crédito tributário – e, por via de consequência, a obrigação tributária – a sentença que tenha eficácia desconstitutiva, proferida em ação anulatória ou em embargos à execução, devidamente transitada em julgado.

Questões de automonitoramento

1) Após ler este capítulo, você é capaz de resumir os casos geradores do capítulo 8, identificando as partes envolvidas, os problemas atinentes e as soluções cabíveis?
2) O rol das hipóteses de extinção do crédito tributário é taxativo ou exemplificativo?
3) Caso o contribuinte pague um tributo em valor maior do que deveria, qual a ação judicial cabível para reaver tal montante recolhido indevidamente aos cofres públicos?
4) Quando é cabível a consignação em pagamento?
5) No que tange à dação em pagamento, o raciocínio adotado pela jurisprudência tem sido o mais correto? Justifique.
6) Pense e descreva, mentalmente, alternativas de solução dos casos geradores do capítulo 8.

3

Extinção. Compensação. Transação. Remissão. Dação em pagamento

Roteiro de estudo

Considerações preliminares

A compensação, a transação, a remissão e a dação em pagamento são causas de extinção do crédito tributário previstas no rol do art. 156 do Código Tributário Nacional (CTN), precisamente em seus incisos II, III, IV e XI. Como veremos, todas se situam no campo da reserva legal, necessitando da edição de lei específica por parte do ente tributante, devendo especificamente a transação e a remissão ter lugar apenas em situações excepcionais, haja vista o princípio da indisponibilidade do crédito público. Passemos então à análise das peculiaridades de cada um desses institutos jurídicos.

Compensação

A compensação no direito civil significa o acerto de contas entre o credor e o devedor, com a finalidade de extinguir créditos e débitos recíprocos.[82] O mesmo fenômeno ocorre no âmbito do direito tributário. A Fazenda Pública deve ao contribuinte, e este deve àquela, sendo que a compensação exige os mesmos requisitos do direito civil, quais sejam, a liquidez e a certeza dos créditos.

Contudo, há duas diferenças entre a compensação no direito civil e a compensação no direito tributário: em primeiro lugar, enquanto no direito civil a compensação resulta de acordo de vontades, no direito tributário ela só é admitida se prevista em lei. Trata-se, pois, de modalidade indireta (por lei) de extinção do crédito tributário, mediante o confronto de débitos e créditos. Em segundo lugar, no direito tributário, diferentemente do que ocorre no direito civil, a compensação pode alcançar créditos vincendos, além dos créditos vencidos, conforme autoriza o parágrafo único do art. 170 do CTN.

A compensação situa-se no campo da reserva legal, exigindo, assim, a edição de lei específica pelo ente tributante que expressamente a autorize. É o que determina o art. 170 do CTN:

> Art. 170. A lei pode, nas condições e sob as garantias que estipular, ou cuja estipulação em cada caso atribuir à autoridade administrativa, autorizar a compensação de créditos tributários com créditos líquidos e certos, vencidos ou vincendos, do sujeito passivo contra a Fazenda Pública.

Ou seja, de acordo com o texto legal, a compensação não decorre do CTN, mas da lei do ente tributante. Sem lei não há compensação e é a lei que estabelecerá em que casos e condições a compensação será feita.

Vale registrar que a previsão normativa que concede a autorização para a compensação de eventuais créditos, na forma

[82] Ver arts. 360 a 380 do Código Civil (CC/2002).

do art. 170 do CTN, está circunscrita à seara de competência tributária do ente da Federação que a edita, sendo vedado, portanto, o uso da analogia com vistas a estender sua aplicação para outra esfera administrativa. Isso significa que, na hipótese de inexistir em âmbito municipal a chancela legal, pela via de lei local, para a realização de compensação, esta não será admitida com relação aos tributos daquela entidade tributante, ainda que haja norma estadual conferindo tal possibilidade.

Tanto é assim que a jurisprudência do STJ é unânime em não permitir a compensação de débitos fiscais com créditos titularizados por pessoa jurídica distinta da que compõe a relação jurídico-tributária, como seria, por exemplo, a tentativa de compensação de precatórios de outra unidade federada para a quitação de tributos federais, visto faltar o requisito da identidade entre credores e devedores. É de ver:

> TRIBUTÁRIO. PRECATÓRIOS JUDICIAIS. COMPENSAÇÃO. PESSOA JURÍDICA DIVERSA. IMPOSSIBILIDADE. PRECEDENTES. SÚMULA 83/STJ. PRECATÓRIO E DINHEIRO. EQUIVALÊNCIA INEXISTENTE. PRECEDENTES.
> 1. A jurisprudência do Superior Tribunal de Justiça é firme no sentido de considerar inviável a compensação de débitos tributários com precatórios devidos por pessoa jurídica de direito público de natureza distinta da titularizada na relação jurídico-tributária, porquanto inexistente a identidade entre credores e devedores. Súmula 83/STJ.
> 2. "A penhora de precatório equivale à penhora de crédito, e não de dinheiro" (REsp 1090898/SP, Rel. Ministro CASTRO MEIRA, PRIMEIRA SEÇÃO, julgado em 12/8/2009, DJe 31/8/2009).
> Agravo regimental improvido.[83]

[83] BRASIL. Superior Tribunal de Justiça. AgRg no AREsp nº 380.797/RS. Relator: ministro Humberto Martins. Segunda Turma. Julgamento em 15 de outubro de 2013. *DJe*, 25 out. 2013.

No caso da União, inicialmente, o § 1º do art. 66 da Lei nº 8.383/1991, que introduziu no direito tributário dispositivo expresso autorizando a compensação, só concebia a compensação entre tributos da mesma espécie, ou seja, imposto se compensa com imposto e contribuição se compensa com contribuição, respeitando-se suas espécies e destinação constitucional.[84] Além disso, a compensação somente seria válida se realizada com tributos vincendos (relativos a períodos subsequentes).

Visando regulamentar esse dispositivo, a Receita Federal do Brasil editou a Instrução Normativa SRF nº 67/1992, que, ao regular a Lei nº 8.383/1991, condicionou o exercício do direito em tela a uma série de requisitos não previstos, sequer implicitamente, na legislação. Entre eles, a necessidade de solicitação prévia à unidade da Receita Federal jurisdicionante do domicílio fiscal do contribuinte para compensação de débitos anteriores a janeiro de 1992.

Em seguida, o art. 66 da Lei nº 8.383/1991 sofreu leve alteração pela Lei nº 9.069, de 29 de junho de 1995, que nele incluiu a expressão "receitas patrimoniais", de modo a sinalizar que a compensação refere-se não só a tributos federais como também a outras receitas.

A Lei nº 9.250, de 26 de dezembro de 1995, determinou ainda que a compensação deveria ser feita somente entre tributos de mesma espécie e destinação constitucional. Ou seja, criou mais um requisito para a efetivação da compensação de modo direto pelo contribuinte.

Muito se discutiu acerca do alcance da nova expressão "mesma destinação constitucional", tendo o STJ entendido que

[84] Lei nº 8.383/1991: "Art. 66. Nos casos de pagamento indevido ou a maior de tributos e contribuições federais, inclusive previdenciárias, mesmo quando resultante de reforma, anulação, revogação ou rescisão de decisão condenatória, o contribuinte poderá efetuar a compensação desse valor no recolhimento de importância correspondente a períodos subsequentes. § 1º. A compensação só poderá ser efetuada entre tributos e contribuições da mesma espécie".

o significado da expressão estaria mais associado ao destino do produto arrecadado do que à competência tributária.

Em 27 de dezembro de 1996, adveio a Lei nº 9.430, que, por sua vez, alargou as possibilidades de compensação pelo contribuinte no âmbito da Receita Federal. Seu art. 74, que regula atualmente a compensação em âmbito federal, veio permitir a compensação de tributos federais de espécies diversas, o que até então era vedado na sistemática do art. 66 da Lei nº 8.383/1991. No caso da Lei nº 9.430/1996, contudo, a compensação ficava condicionada a prévio requerimento do contribuinte à autoridade administrativa, o que não era previsto pela Lei nº 8.383/1991, embora a Receita Federal o exigisse.

As disposições da Lei nº 9.430/1996, com os respectivos atos normativos, vigoraram até o advento da Medida Provisória nº 66, de 29 de agosto de 2002, posteriormente convertida na Lei nº 10.637, de 30 de dezembro de 2002. De acordo com a Lei nº 10.637/2002, reproduzindo integralmente o texto da MP nº 66/2002 nessa parte, o art. 74 da Lei nº 9.430/1996 passou a vigorar com a seguinte redação:

> Art. 74. O sujeito passivo que apurar crédito relativo a tributo ou contribuição administrado pela Secretaria da Receita Federal, passível de restituição ou de ressarcimento, poderá utilizá-lo na compensação de débitos próprios relativos a quaisquer tributos e contribuições administrados por aquele Órgão.
> § 1º. A compensação de que trata o *caput* será efetuada mediante a entrega, pelo sujeito passivo, de declaração na qual constarão informações relativas aos créditos utilizados e aos respectivos débitos compensados.
> § 2º. A compensação declarada à Secretaria da Receita Federal extingue o crédito tributário, sob condição resolutória de sua homologação.

A Lei nº 9.430/1996, com a alteração efetivada pela Lei nº 10.637/2002, trouxe, portanto, uma benéfica alteração a favor dos contribuintes, permitindo, assim, a compensação entre tributos de diferentes espécies, vencidos ou vincendos, independentemente de requerimento prévio administrativo à Receita Federal. Hoje, basta a apresentação de mera declaração à Receita Federal para efetivação da compensação, que fica sujeita a posterior homologação. Nas palavras do professor André Mendes Moreira:

> A atual redação do art. 74 da Lei nº 9.430/96, nos termos do disposto na Lei nº 10.637/02, prevê inovadora sistemática de compensação de tributos federais que, na verdade, é uma combinação dos dois regimes até então existentes (o da Lei nº 8.383/91 e o do art. 74 da Lei nº 9.430/96, em sua redação original). Assim, tem-se:
> a) é permitida a compensação entre quaisquer tributos administrados pela Secretaria da Receita Federal (sem restrição quanto à identidade de espécie ou de destinação constitucional), vencidos ou vincendos;
> b) não há necessidade de procedimento administrativo prévio para realizar-se a compensação, mas tão somente de declaração do contribuinte à Receita Federal;
> c) a declaração da compensação, tal como ocorria na hipótese do art. 66 da Lei nº 8.383/91 (compensação por homologação) não extingue o crédito tributário, que fica sujeito a posterior homologação pela Secretaria da Receita Federal.[85]

Diante dessas inúmeras alterações de regime jurídico no que concerne à compensação de débitos federais, o STJ tem

[85] MOREIRA, André Mendes. Da compensação de tributos administrados pela Receita Federal: evolução legislativa e modalidades. *Revista Dialética de Direito Tributário*, São Paulo, n. 95, p. 7-17, ago. 2003.

considerado a data do ajuizamento da ação para fins de determinação do regime jurídico aplicável. Veja-se:

> TRIBUTÁRIO. RECURSO ESPECIAL REPRESENTATIVO DE CONTROVÉRSIA. ART. 543-C, DO CPC. COMPENSAÇÃO TRIBUTÁRIA. SUCESSIVAS MODIFICAÇÕES LEGISLATIVAS. LEI 8.383/91. LEI 9.430/96. LEI 10.637/02. REGIME JURÍDICO VIGENTE À ÉPOCA DA PROPOSITURA DA DEMANDA. LEGISLAÇÃO SUPERVENIENTE. INAPLICABILIDADE EM SEDE DE RECURSO ESPECIAL. ART. 170-A DO CTN. AUSÊNCIA DE INTERESSE RECURSAL. HONORÁRIOS. VALOR DA CAUSA OU DA CONDENAÇÃO. MAJORAÇÃO. SÚMULA 07 DO STJ. VIOLAÇÃO DO ART. 535 DO CPC NÃO CONFIGURADA.
> 1. A compensação, posto modalidade extintiva do crédito tributário (artigo 156, do CTN), exsurge quando o sujeito passivo da obrigação tributária é, ao mesmo tempo, credor e devedor do erário público, sendo mister, para sua concretização, autorização por lei específica e créditos líquidos e certos, vencidos e vincendos, do contribuinte para com a Fazenda Pública (artigo 170 do CTN).
> 2. A Lei 8.383, de 30 de dezembro de 1991, ato normativo que, pela vez primeira, versou o instituto da compensação na seara tributária, autorizou-a apenas entre tributos da mesma espécie, sem exigir prévia autorização da Secretaria da Receita Federal (artigo 66).
> 3. Outrossim, a Lei 9.430, de 27 de dezembro de 1996, na Seção intitulada "Restituição e Compensação de Tributos e Contribuições", determina que a utilização dos créditos do contribuinte e a quitação de seus débitos serão efetuadas em procedimentos internos à Secretaria da Receita Federal (artigo 73, *caput*), para efeito do disposto no artigo 7º do Decreto-Lei 2.287/86.
> 4. A redação original do artigo 74, da Lei 9.430/96, dispõe: "Observado o disposto no artigo anterior, a Secretaria da Receita

Federal, atendendo a requerimento do contribuinte, poderá autorizar a utilização de créditos a serem a ele restituídos ou ressarcidos para a quitação de quaisquer tributos e contribuições sob sua administração".

5. Consectariamente, a autorização da Secretaria da Receita Federal constituía pressuposto para a compensação pretendida pelo contribuinte, sob a égide da redação primitiva do artigo 74, da Lei 9.430/96, em se tratando de tributos sob a administração do aludido órgão público, compensáveis entre si.

6. A Lei 10.637, de 30 de dezembro de 2002 (regime jurídico atualmente em vigor), sedimentou a desnecessidade de equivalência da espécie dos tributos compensáveis, na esteira da Lei 9.430/96, a qual não mais albergava esta limitação.

7. Em consequência, após o advento do referido diploma legal, tratando-se de tributos arrecadados e administrados pela Secretaria da Receita Federal, tornou-se possível a compensação tributária, independentemente do destino de suas respectivas arrecadações, mediante a entrega, pelo contribuinte, de declaração na qual constem informações acerca dos créditos utilizados e respectivos débitos compensados, termo *a quo* a partir do qual se considera extinto o crédito tributário, sob condição resolutória de sua ulterior homologação, que se deve operar no prazo de 5 (cinco) anos.

8. Deveras, com o advento da Lei Complementar 104, de 10 de janeiro de 2001, que acrescentou o artigo 170-A ao Código Tributário Nacional, agregou-se mais um requisito à compensação tributária, a saber: "Art. 170-A. É vedada a compensação mediante o aproveitamento de tributo, objeto de contestação judicial pelo sujeito passivo, antes do trânsito em julgado da respectiva decisão judicial".

9. Entrementes, a Primeira Seção desta Corte consolidou o entendimento de que, em se tratando de compensação tributária, deve ser considerado o regime jurídico vigente à época

do ajuizamento da demanda, não podendo ser a causa julgada à luz do direito superveniente, tendo em vista o inarredável requisito do prequestionamento, viabilizador do conhecimento do apelo extremo, ressalvando-se o direito de o contribuinte proceder à compensação dos créditos pela via administrativa, em conformidade com as normas posteriores, desde que atendidos os requisitos próprios (EREsp 488992/MG).

[...]

17. Recurso especial parcialmente conhecido e parcialmente provido, apenas para reconhecer o direito da recorrente à compensação tributária, nos termos da Lei 9.430/96. Acórdão submetido ao regime do art. 543-C do CPC e da Resolução STJ 08/2008.[86]

Já em outras esferas, autorização e regulação, como visto, ficam a cargo de cada ente federado, que pode ou não autorizar a compensação através da edição de lei específica.

Vale destacar que o exercício do direito à compensação, para fins de apuração do *quantum* a ser recolhido aos cofres públicos, em se tratando de tributo cujo lançamento se dá por homologação, independe de autorização da Fazenda Pública, porque nesse caso o contribuinte apura o valor devido e efetua o pagamento correspondente na própria escrita fiscal – e, portanto compensa, se for o caso – para posteriormente a matéria ser examinada pela Fazenda, que homologará ou não o lançamento. É o que se denomina "autocompensação", reconhecida pelo STJ em sede de embargos de divergência. Confira-se:

Ao invés de antecipar o pagamento do tributo, o contribuinte registra na escrita fiscal o crédito oponível à Fazenda Pública,

[86] BRASIL. Superior Tribunal de Justiça. REsp nº 1.137.738/SP. Relator: ministro Luiz Fux. Primeira Seção. Julgamento em 9 de dezembro de 2009. *DJe*, 1º fev. 2010.

recolhendo apenas o saldo eventualmente devido. A homologação subsequente, se for o caso, correspondente à constituição do crédito tributário que, nessa modalidade de lançamento fiscal, se extingue concomitantemente pelo efeito de pagamento que isso implica.[87]

Não obstante a compensação, uma vez autorizada por lei, independa de medida judicial, os contribuintes, que muitas vezes se viam diante de restrições ao seu direito, ingressavam em juízo visando ao reconhecimento do direito à compensação no caso concreto, o que acabou culminando com a positivação, pelo art. 170-A do CTN, do entendimento assente na jurisprudência de que o aproveitamento de créditos não pode ser feito através de medida liminar ou antecipatória do provimento jurisdicional final, de modo que somente após o trânsito em julgado da decisão final é que o crédito tributário poderá ser compensado, caso seja objeto de contestação judicial. Confira-se:

> Art. 170-A. É vedada a compensação mediante o aproveitamento de tributo, objeto de contestação judicial pelo sujeito passivo, antes do trânsito em julgado da respectiva decisão judicial.

Por fim, entre os verbetes de súmulas do STJ relevantes em matéria de compensação, podemos elencar os seguintes:

> *Súmula nº 212*, que determina que "a compensação de créditos tributários não pode ser deferida em ação cautelar ou por medida liminar cautelar ou antecipatória".[88]

---

[87] BRASIL. Superior Tribunal de Justiça. Primeira Seção. Embargos de Divergência no REsp nº 78.301/BA. Julgamento em 11 de dezembro de 1997. RSTJ 96/46.

[88] Na sessão de 11 de maio de 2005, a Primeira Seção deliberou pela alteração da Súmula nº 212. Redação anterior (decisão de 23 de setembro de 1998, *DJ*, 2 out. 1998): a compensação de créditos tributários não pode ser deferida por medida liminar.

Súmula nº 213, que preceitua que "o mandado de segurança constitui ação adequada para a declaração do direito à compensação tributária".

Súmula nº 460. "É incabível o mandado de segurança para convalidar a compensação tributária realizada pelo contribuinte".

Súmula nº 461. "O contribuinte pode optar por receber, por meio de precatório ou por compensação, o indébito tributário certificado por sentença declaratória transitada em julgado".

Súmula nº 464. "A regra de imputação de pagamentos estabelecida no art. 354 do Código Civil não se aplica às hipóteses de compensação tributária".

Transação

A transação, genericamente conceituada, se traduz num acordo entre pessoas que fazem concessões recíprocas para prevenir ou solucionar um litígio, sendo de se registrar que apenas se pode transigir no que tange aos direitos patrimoniais.[89]

O CC dispõe, em seu art. 840, ser lícito aos interessados prevenirem ou terminarem o litígio mediante concessões mútuas. No campo tributário, por seu turno, a transação,[90] que pressupõe reciprocidade de ônus e vantagens, está prevista no art. 156, III, c/c art. 171, ambos do CTN:

---

[89] CC: "Art. 841. Só quanto a direitos patrimoniais de caráter privado se permite a transação".

[90] A transação integra o Sistema Tributário Nacional desde a edição do Código Tributário Nacional, em 1966; contudo tal instituto passou a ter maior destaque nas discussões doutrinárias e jurisprudenciais apenas a partir dos idos de 2008, em razão do projeto da Lei Geral de Transação apresentado pela Procuradoria Geral da Fazenda Nacional, ainda em discussão no âmbito do Poder Legislativo Federal. Para acompanhar o andamento do PL nº 5082/2009: <www.camara.gov.br/proposicoesWeb/fichadetramitacao?idProposicao=431269>. Acesso em: 29 mar. 2012.

> Art. 156. Extinguem o crédito tributário: [...]
> III - a transação;
> IV - remissão; [...]
>
> Art. 171. A lei pode facultar, nas condições que estabeleça, aos sujeitos ativo e passivo da obrigação tributária celebrar transação que, mediante concessões mútuas, importe em *determinação* de litígio e *consequente* extinção do crédito tributário.
> Parágrafo único. A lei indicará a autoridade competente para autorizar a transação em cada caso [grifos nossos].

Percebe-se, da leitura do art. 171 do CTN, que, enquanto no âmbito das relações de direito privado admite-se a transação antes mesmo que o litígio judicial se forme, para o direito tributário esta só pode ser levada a efeito pelo fisco quando objetivar dar fim ao litígio.[91]

A transação tributária é modalidade indireta de extinção do crédito tributário[92] e depende de previsão legal, porquanto o crédito tributário é indisponível. Essa lei (em sentido estrito) autorizará o ente tributante a transacionar e deverá indicar a

[91] Embora de forma minoritária na doutrina, há quem entenda não ser compatível com o ordenamento constitucional a previsão contida no art. 171 do CTN. É o caso de Eduardo Marcial Ferreira Jardim: "Nos lindes da tributação, contudo, tenho para mim que não há lugar para a transação. Em despeito do quanto dispõe o art. 171 do Código Tributário Nacional e apesar da equivocada opinião ainda prosperante em expressiva parcela da doutrina, não padece de dúvida que o aludido instituto afigura-se incompatível com as premissas concernentes à tributação, dentre elas a necessária discricionariedade que preside a transação e a vinculabilidade que permeia toda a função administrativa relativa aos tributos. [...] Pelos argumentos expostos, observo que o art. 171 abriga uma vitanda impropriedade, merecendo declarado ilegal e inconstitucional pelas Cortes Administrativas e Judiciais, enquanto o Congresso Nacional não fizer o que deve, ou seja, bani-lo do CTN" (JARDIM, Eduardo Marcial Ferreira. *Comentários ao Código Tributário Nacional*. Coord. Ives Gandra da Silva Martins. São Paulo: Saraiva, 1998. v. 2, p. 402-404).

[92] Isso porque a forma por excelência de extinção do crédito tributário é o pagamento. Ver arts. 157-163 e 165-169 do CTN.

autoridade competente para ultimar o acordo, bem como as concessões que poderão ser feitas pelo fisco em prol da terminação do litígio.

Quais os motivos que podem ensejar tal ajuste entre o contribuinte e a Fazenda Pública? O CTN não especifica expressamente quais as razões determinantes para que o fisco seja autorizado a transacionar com o sujeito passivo, mas isso não significa que tais motivos estejam no campo da discricionariedade administrativa, pelo contrário, são "vinculados".

A doutrina entende, majoritariamente, que o legislador deve orientar-se pelo que dispõe o art. 172, I a V, do CTN, ao autorizar a transação, e que o fisco deve observar os estritos critérios e limites estabelecidos na referida lei. Nesse sentido, Eduardo Sabbag[93] assevera que

> não se trata de providência que fique *a critério da autoridade administrativa*. Esta deve cingir-se aos motivos legais que dão ensejo ao perdão, como a situação econômica do sujeito passivo; erro ou ignorância escusáveis do contribuinte, quanto à matéria de fato; diminuta importância do crédito tributário, dentre outros (art. 172, incisos I a V, CTN).

Sobre o tema, Ives Gandra da Silva Martins[94] sustenta que

> a disposição do art. 171 faz clara menção à celebração de transação "mediante concessões mútuas", o que vale dizer, há razoável discricionariedade na atuação da Administração, no conformar as condições da transação com vistas ao aten-

---

[93] SABBAG, Eduardo. *Manual de direito tributário*. 4. ed. São Paulo: Saraiva, 2012. p. 881, grifo no original.

[94] MARTINS, Ives Gandra da Silva. Transação tributária realizada nos exatos termos do art. 171 do Código Tributário nacional [...]. *Revista Dialética de Direito Tributário*, São Paulo, n. 148, p. 143-148, jan. 2008.

dimento do interesse público. Porém, nada disso prevalecerá se não houver a encampação desses parâmetros – ou a fixação de outros – pelo Poder Legislativo, passando a ser vinculada a atuação do administrador público ao receber crédito tributário pela forma transacionada, a partir da aprovação da lei.

A forma para a celebração desse acordo entre o fisco e o contribuinte não observa aquela típica dos contratos, mas sim se aproxima do conceito de ato administrativo complexo – porque depende da participação do contribuinte – extintivo da relação jurídico-tributária. Corrobora tal assertiva a própria escolha da Procuradoria-Geral da Fazenda Nacional ao elaborar o Anteprojeto da Lei Geral de Transação em Matéria Tributária (PL nº 5.082/2009):

> Art. 23. [...]
> § 3º. A transação:
> I - *é ato jurídico* que se aperfeiçoa e extingue o crédito tributário após o cumprimento integral das obrigações e condições pactuadas nas cláusulas do respectivo termo [grifo nosso].

Contudo, há quem sustente ser a transação, não um ato, mas sim um procedimento que leva à extinção do crédito tributário, por exemplo, Paulo de Barros Carvalho, que, inclusive, critica a categorização da transação como hipótese de extinção do crédito, pois o que faz extingui-lo é o pagamento do valor remanescente após o ajuste entre o fisco e o contribuinte. Nas palavras do autor:

> Os sujeitos do vínculo concertam abrir mão de parcelas de seus direitos, chegando a um denominador comum, teoricamente interessante para as duas partes, e que propicia o desaparecimento simultâneo do direito subjetivo e do dever jurídico

correlato. Mas é curioso verificar que a extinção da obrigação, quando ocorre a figura transacional, não se dá, propriamente, por força das concessões recíprocas, e sim do pagamento. *O processo de transação tão somente prepara o caminho para que o sujeito passivo quite sua dívida, promovendo o desaparecimento do vínculo. Tão singela meditação já compromete o instituto como forma extintiva de obrigações.*[95]

A despeito de tal divergência acerca da forma pela qual se deva classificar o instituto da transação, é inegável que esta engloba um procedimento tendente à extinção do crédito tributário, por meio da edição de um ato administrativo de caráter negocial, complexo e dialógico.

Ressalte-se, ainda, que a transação não se confunde com o parcelamento da dívida. Neste último nem sequer há extinção do crédito; trata-se de causa suspensiva da exigibilidade. Esclarecedora é a ementa do seguinte julgado do STJ[96] sobre o assunto:

> RECURSO ESPECIAL. TRIBUTÁRIO. O PARCELAMENTO DA DÍVIDA TRIBUTÁRIA NOS EMBARGOS À EXECUÇÃO NÃO IMPLICA A EXTINÇÃO DA EXECUÇÃO, MAS A SUA SUSPENSÃO.
> 1. O parcelamento do débito na execução fiscal implica, tão somente, a suspensão do processo, conservando-se perene a Certidão da Dívida Ativa a sustentar a execução até que se extinga a dívida, podendo operar-se a continuidade da execução fiscal pelo saldo remanescente, se o parcelamento não restar cumprido integralmente pelo sujeito passivo.

[95] CARVALHO, Paulo de Barros. *Direito tributário*: fundamentos jurídicos da incidência. São Paulo: Saraiva, 1999a. p. 458, grifo nosso.

[96] BRASIL. Superior Tribunal de Justiça. REsp nº 514.351/PR. Relator: ministro Luiz Fux. Primeira Turma. Julgamento em 20 de novembro de 2003. *DJ*, 19 dez. 2003, grifo nosso.

2. A figura do parcelamento não se confunde com a transação extintiva do crédito. A autocomposição bilateral ou transação é forma de extinção do crédito tributário, consoante determina o art. 156, III, do CTN, implicando o término do direito da Fazenda Pública de cobrar a obrigação tributária.

3. Considerando que a transação é a forma pela qual as partes previnem ou terminam litígios mediante concessões mútuas, enquanto que o parcelamento é a mera dilação de prazo para o devedor honrar sua dívida, não há que falar em naturezas semelhantes. Ao revés, no parcelamento, a dívida ativa não se desnatura pelo fato de ser objeto de acordo de parcelamento, posto que não honrado o compromisso, retoma ela os seus privilégios, incidindo a multa e demais encargos na cobrança via execução fiscal.

4. É novel regra assente no Código Tributário Nacional que o parcelamento do débito é meramente suspensivo.

5. Recurso especial provido.

No mesmo sentido:

PROCESSUAL CIVIL. EMBARGOS À EXECUÇÃO FISCAL. EXTINÇÃO DO PROCESSO EM VIRTUDE DE ADESÃO DO CONTRIBUINTE A PROGRAMA DE PARCELAMENTO OU PAGAMENTO À VISTA DE CRÉDITOS TRIBUTÁRIOS. TRANSAÇÃO NÃO CONFIGURADA. CONDENAÇÃO EM HONORÁRIOS ADVOCATÍCIOS. CABIMENTO.

1. A adesão do contribuinte a programa instituído por lei para fins de parcelamento ou pagamento à vista de créditos tributários não configura transação, pois o Código Civil só permite a transação quanto a direitos patrimoniais de caráter privado (art. 841). Se recair sobre direitos contestados em juízo, a transação será feita por escritura pública, ou por termo nos autos, assinado pelos transigentes e homologado pelo juiz

(art. 842). De acordo com o Código Tributário Nacional, a lei pode facultar, nas condições que estabeleça, aos sujeitos ativo e passivo da obrigação tributária celebrar transação que, mediante concessões mútuas, importe em determinação de litígio e consequente extinção de crédito tributário (art. 156, III, c/c art. 171). A lei indicará, ainda, a autoridade competente para autorizar a transação em cada caso (art. 171, parágrafo único). Por não se tratar de transação, não se aplica ao caso o § 2º do art. 26 do Código de Processo Civil, segundo o qual, "havendo transação e nada tendo as partes disposto quanto às despesas, estas serão divididas igualmente".
2. Em se tratando de extinção do processo em virtude de adesão a parcelamento, a incidência ou não da verba honorária deve ser examinada caso a caso, à luz da legislação processual própria. Por exemplo, em se tratando de mandado de segurança, é indevida a condenação em honorários advocatícios, nos termos do art. 25 da Lei n. 12.016/2009 e em conformidade com as Súmulas n.s 512 do STF e 105 do STJ. Por sua vez, em embargos à execução fiscal de créditos da União, não cabe a condenação em honorários advocatícios porque já incluído no débito consolidado o encargo do Decreto-Lei n. 1.025/69, nele compreendidos os honorários, consoante enuncia a Súmula n. 168 do extinto TFR. Já em ação desconstitutiva, ação declaratória negativa, ou em embargos à execução nos quais não se aplica o Decreto-Lei n. 1.025/69, a verba honorária será cabível nos termos do art. 26, *caput*, do Código de Processo Civil. Nesse sentido, aliás, são os seguintes precedentes da Primeira Seção: EREsp 475.820/PR, Rel. Min. Teori Albino Zavascki, DJ de 15.12.2003, p. 175; EREsp 426.370/RS, Rel. Min. Eliana Calmon, DJ de 22.3.2004; p.189.
3. Esta Turma, ao julgar o REsp 884.071/GO, sob a relatoria da Ministra Eliana Calmon, enfrentou situação semelhante à dos presentes autos, ocasião em que decidiu serem devidos

os honorários advocatícios em sede de embargos à execução, independente da condenação em honorários na execução fiscal. Essa tese fixou-se após o julgamento dos EREsp 81.755/SC, pela Corte Especial, e vem sendo aplicada desde então.
4. Recurso especial provido.[97]

Vale dizer, por oportuno, que a doutrina aponta para a existência de alguns critérios norteadores para que a autoridade administrativa promova a transação tributária, por exemplo:

1º. Valor do crédito: não deverá ocorrer a transação diante de pequena onerosidade para o contribuinte quando do pagamento do tributo. O valor da contribuição tem de ser sopesado com a capacidade contributiva, subjetiva, somente proporcionando a transação no momento em que se comprovar desgaste pecuniário acima do exigível para quem contribui.
2º. Nível de litigiosidade: não será em qualquer caso que se utilizará a transação, há de se verificar certo grau de litigiosidade, traduzindo-se como impugnação administrativa ou judicial, realizada pelo contribuinte, do montante a ser repassado para o Fisco, ou, ao menos, um conflito latente traduzida em uma clara situação de discordância entre o Fisco e o contribuinte, sempre agravada pela cobrança de multas e juros que multiplicam o crédito tributário.
3º. Certeza ou incerteza do crédito a ser transacionado: há de se intentar à transação um denominador comum do valor intentado pela Administração Pública e daquele exequível de contribuição pelo cidadão. Essa transação só deve ocorrer quan-

[97] BRASIL. Superior Tribunal de Justiça. REsp nº 1.244.347/MS. Relator: ministro Mauro Campbell Marques. Segunda Turma. Julgamento em 14 de abril de 2011. *DJe*, 28 abr. 2011.

do verificar-se uma incerteza de que aquele crédito tributário será entregue por parte do contribuinte.

4º. A probabilidade de se recuperar os valores por meio da execução forçada: a transação somente demonstra-se profícua quando há poucas chances em se recuperar o crédito tributário através da execução forçada devido à morosidade do sistema ou até mesmo em razão da complexidade de análise das posições diversas no litígio.[98]

Fato é que a adoção dessa hipótese de extinção do crédito tributário traduz, em última análise, a construção de uma nova relação entre a administração tributária e os contribuintes, possibilitando que as duas partes, mediante entendimento direto, alcancem uma aplicação mais homogênea da legislação tributária, bem como vejam reduzidos os prazos de duração dos conflitos tributários.

Remissão

Ato unilateral do Estado legislador, a remissão significa o perdão da dívida tributária, compreendendo os tributos e as penalidades. Remissão não se confunde com anistia (hipótese de exclusão do crédito tributário, prevista no art. 175, II, do CTN), porque esta última é concedida antes da constituição do crédito tributário, enquanto aquela pressupõe a existência de lançamento.

Sobre tal diferenciação dos institutos, Paulo de Barros Carvalho[99] leciona:

[98] SIQUEIRA, Lia Maria Manso. O instituto da transação e sua aplicação no direito processual tributário. *Universo Jurídico*, Juiz de Fora, ano XI, 13 jun. 2011. Disponível em: <http://uj.novaprolink.com.br/doutrina/7679/o_instituto_da_transacao_e_sua_aplicacao_no_direito_processual_tributario>. Acesso em: 29 mar. 2012.

[99] CARVALHO, Paulo de Barros. *Curso de direito tributário*. São Paulo: Saraiva, 1999b. p. 337.

> Anistia fiscal é o perdão de falta cometida pelo infrator de deveres tributários e também quer dizer o perdão da penalidade a ele imposta por ter infringido mandamento legal. Tem, como se vê, duas acepções: a de perdão pelo ilícito e a de perdão da multa. As duas proporções semânticas do vocabulário anistia oferecem matéria de relevo para o Direito Penal, razão por que os penalistas designam anistia o perdão do delito e o indulto o perdão da pena cominada para o crime. Voltando-se para apagar o ilícito tributário ou a penalidade infringida ao autor da ilicitude, o instituto da anistia traz em si indiscutível caráter retroativo, pois alcança fatos que se compuseram antes do termo inicial da lei que a introduz no ordenamento. Apresenta grande similitude com a remissão, mas com ela não se confunde. Ao remir, o legislador tributário perdoa o débito tributário, abrindo mão do seu direito subjetivo de percebê-lo; ao anistiar, todavia, a desculpa recai sobre o ato da infração ou sobre a penalidade que lhe foi aplicada. Ambas retroagem, operando em relação jurídica já constituída, porém de índole diversa: a remissão, em vínculo obrigacional de natureza estritamente tributária; a anistia, igualmente em liames de obrigação, mas de cunho sancionatório.

Da mesma forma, não se pode confundir "remissão com remição; aquele é ato de remitir (= perdoar), enquanto a remição vem de remir (= resgatar) e encontra outra sede no Código Civil (arts. 766, 814)".[100]

Aurélio Pitanga Seixas Filho,[101] sobre o conceito de remissão, leciona que,

---

[100] TORRES, Ricardo Lobo. *Curso de direito financeiro e tributário*. 11. ed. atual. Rio de Janeiro: Renovar, 2004. p. 297.

[101] SEIXAS FILHO, Aurélio Pitanga. *Teoria e prática das isenções tributárias*. Rio de Janeiro: Forense, 1989. p. 58-59.

> conforme art. 172 do Código Tributário Nacional, [remissão] é uma forma de extinção do crédito tributário por motivos considerados relevantes pelo legislador e supervenientes ao nascimento da obrigação tributária, podendo ser, também, posterior ao lançamento do crédito tributário.
>
> Na remissão ocorre o fato gerador e nasce a obrigação tributária deixando o sujeito passivo de cumprir a sua obrigação de pagar o tributo. Assim, a regra-matriz tributária produz todas as suas consequências jurídicas sem qualquer interferência de uma norma jurídica acessória ou complementar para modificá-las. Descumprida a norma tributária principal, uma norma jurídica derrogatória vai prever determinada situação de fato que propiciará o cancelamento ou perdão ou remissão da obrigação ou do crédito tributário.

O instituto em comento está previsto no art. 156, IV, do CTN, e disciplinada no art. 172 do mesmo diploma legal. Os incisos I a V do referido art. 172 relacionam os motivos legais que podem levar a autoridade administrativa a conceder remissão, *verbis:*

> Art. 172. A lei pode autorizar a autoridade administrativa a conceder, por despacho fundamentado, remissão total ou parcial do crédito tributário, atendendo:
> I - à situação econômica do sujeito passivo;
> II - ao erro ou ignorância excusáveis do sujeito passivo, quanto a matéria de fato;
> III - à diminuta importância do crédito tributário;
> IV - a considerações de equidade, em relação com as características pessoais ou materiais do caso;
> V - a condições peculiares a determinada região do território da entidade tributante.

Os motivos acima elencados fazem parte de rol não exaustivo, ou seja, lei específica pode autorizar a concessão de remissão em outras hipóteses ali não previstas. Note-se que aqui há a obrigatoriedade de observar o que disciplina o art. 150, § 6º, da CRFB/1988, ou seja:

> Esta lei deve ser específica. Específico opõe-se a genérico. Em termos de preceito normativo, genérico admite dois sentidos (Bobbio: Studi per una Teoria Generale dei Diritto, Giappichelli. Torino, 1970. pp. 11 e ss.): diz-se que o preceito é genérico ou porque se dirige a todos os destinatários (generalidade pelo sujeito) ou porque sua matéria consiste num tipo abstrato (generalidade pelo objeto). Em contraposição, o específico o será também pelo sujeito (individuação do destinatário) ou pelo objeto (singularização da matéria). *A exigência de lei específica significa, nesse sentido, que seus preceitos devem estar dirigidos a um subconjunto dentro de um conjunto de sujeitos ou que seu conteúdo deve estar singularizado na descrição da* facti species *normativa, isto é, pela delimitação de um subconjunto material dentro de um conjunto.* Assim, por exemplo, será específica a lei que conceder remissão de débitos em geral a entidades filantrópicas (especificidade pelo destinatário), como também será específica a lei que conceder a remissão de débitos abaixo de um determinado valor (especificidade pela matéria). A exigência de especificidade, em ambos os sentidos, é coerente com os objetivos do preceito constitucional de garantir o contribuinte contra o tratamento igual de situações desiguais ou de sujeitos em situações desiguais. Fosse a lei genérica, num dos seus dois sentidos, este fim não estaria sendo atingido, sendo inconstitucional a lei. É o caso, por exemplo, de remissões de penalidades, concedidas no passado no interesse da arrecadação, para todo e qualquer contribuinte que quitasse seus débitos, de uma só vez, até certa data numa manifesta quebra do princípio

de igualdade e da exigência de justiça, por tratar igualmente situações e sujeitos desiguais.[102]

O direito tributário tem natureza eminentemente arrecadatória, razão pela qual não se pode autorizar remissão por qualquer motivo, devendo-se atentar para o princípio da razoabilidade.

Por fim, destaque-se que o parágrafo único do art. 172 do CTN estabelece, em caso de burla ou simulação dolosa, regra de retorno ao *status quo ante*.

Dação em pagamento

No campo do direito civil, o tema é disciplinado nos arts. 356 a 359 do CC/2002. Na esfera tributária, com a inclus ão do inciso XI ao art. 156 do CTN pela Lei Complementar nº 104/2001, passou-se a admitir como forma de extinção do crédito tributário a dação em pagamento de bens imóveis, na forma e condições estabelecidas em lei.

Sob o fundamento de que o art. 3º do CTN admite, inclusive, que a lei autorize o adimplemento da obrigação tributária mediante dação em bens, Luiz Rosa Jr.[103] consigna que, com o acréscimo do inciso XI ao art. 156 daquele diploma por meio da Lei Complementar nº 104/2001, eventuais dúvidas sobre tal possibilidade foram eliminadas, considerando que, não obstante a previsão se referir unicamente a bens imóveis, "a dação em pagamento pode ter como objeto bens móveis, vez que a relação constante do art. 156 deve ser entendida em caráter exempli-

---

[102] FERRAZ, Tércio Sampaio. Remissão e anistia fiscais: sentido dos conceitos e forma constitucional de concessão. *Revista Dialética de Direito Tributário*, São Paulo, n. 92, p. 67-73, 2003, grifo nosso.

[103] ROSA JR., Luiz Emygdio F. da. *Manual de direito financeiro e direito tributário*. 18. ed. rev. e atual. Rio de Janeiro: Renovar, 2005. p. 199-200.

ficativo e não taxativo". Conforme mencionado na p. 61 desta obra, Luciano Amaro possui visão similar no sentido de não ser taxativo o rol apresentado pelo art. 156 do CTN[104] quando assevera que o rol do art. 156 tem natureza exemplificativa e, por via de consequência, embora a alteração promovida pela Lei Complementar nº 104/2001 tenha incluído como forma de extinção do crédito tributário a dação em pagamento apenas de bens imóveis, não se deve considerar banida a possibilidade de extinguir-se o referido crédito mediante a dação de outros bens.

Vale, mais uma vez, ressaltar que a dação em pagamento não constitui forma ordinária de extinção do crédito tributário, sendo essencial haver lei específica e, principalmente, que seja precedida de licitação. Isso porque, como qualquer outro contrato firmado pela administração pública, o procedimento é – salvo excepcionalidade – imprescindível, conforme dispõem o art. 37, XXI, da CRFB/1988, o art. 2º da Lei nº 8.666/1993 e jurisprudência materializada em acórdão STJ, Resp nº 480.404 de relatoria do ministro Luiz Fux (Primeira Turma), publicado no *DJ* de 19 de dezembro de 2003.

Inclusive, conforme já explicado na p. 63 desta obra, o voto do relator, ministro Luiz Fux, cita a doutrina de Sacha Calmon Navarro Coêlho, que finca posicionamento no sentido de o pagamento de tributos estar plenamente vinculado à utilização de dinheiro, a não ser quando explicitamente previsto em lei.

Sublinhe-se que, no voto do ministro relator Luiz Fux,[105] foi citada a doutrina de Sacha Calmon Navarro Coêlho, segundo a qual "o pagamento do tributo só pode ser mesmo em moeda ou em valor que nela se possa exprimir (papel selado, selo, estampilha, vale postal, cheque)", eis que, no direito tributá-

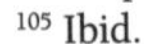

[104] AMARO, Luciano. *Direito tributário brasileiro*. 12. ed. rev. e atual. São Paulo: Saraiva, 2006. p. 390-391.
[105] Ibid.

rio, "o Estado só pode receber, em dação em pagamento, coisa diversa do dinheiro se autorizado por lei. O crédito tributário é indisponível pela Administração".[106]

No mesmo sentido:

> PROCESSUAL CIVIL E TRIBUTÁRIO. QUITAÇÃO DE OBRIGAÇÃO TRIBUTÁRIA.
> TÍTULOS DA DÍVIDA PÚBLICA. DAÇÃO EM PAGAMENTO. IMPOSSIBILIDADE.
> FALTA DE PREVISÃO LEGAL. PRECEDENTES. DISSÍDIO JURISPRUDENCIAL NÃO DEMONSTRADO.
> I - O direito à quitação da obrigação tributária deve obedecer ao estabelecido no art. 3º do CTN, que, ao definir tributo, configura-o como prestação pecuniária compulsória, em moeda ou em cujo valor nela se possa exprimir.
> II - A dação em pagamento, quando visa à quitação de obrigação tributária, só pode ser aceita nas hipóteses elencadas em lei, nas quais não se enquadram os títulos da dívida pública. Diante disso, resta demonstrada a impossibilidade da quitação da obrigação tributária *sub examine* por meio de dação em pagamento de apólices da dívida pública, tendo em vista a falta de previsão legal.
> Precedentes: REsp nº 651.404/RS, Rel. Min. LUIZ FUX, DJ de 29/11/2004 e REsp nº 373.979/PE, Rel. Min. CASTRO MEIRA, DJ de 06/09/2004.
> III - Já é firme o entendimento desta Corte, segundo o qual a simples transcrição de ementas não basta para que se configure a divergência jurisprudencial alegada. Impõe-se a demonstração do dissídio com a reprodução dos segmentos assemelhados ou

[106] COÊLHO, Sacha Calmon Navarro. *Curso de direito tributário brasileiro*. Rio de Janeiro: Forense, 2003. p. 692.

divergentes entre os paradigmas colacionados e o aresto hostilizado, o que inocorreu no presente caso.
IV - Agravo regimental improvido.[107]

Como ressaltado, mesmo não sendo a regra, há alguns casos, a exemplo da previsão contida na LC nº 104/2001, em que a lei permite o pagamento de tributo mediante a dação em pagamento de valores mobiliários. Nesse sentido, o Decreto-Lei nº 195, de 24 de fevereiro de 1967 – que disciplina a cobrança da contribuição de melhoria –, estabelece em seu art. 12, § 4º, que "é lícito ao contribuinte liquidar a Contribuição de Melhoria com títulos da dívida pública, emitidos especialmente para financiamento da obra pela qual foi lançado".

Fato é que, a partir da alteração promovida, pela LC nº 104/2001, do teor do art. 156, XI, do CTN, extrai-se a interpretação de que o pagamento de tributo por meio da dação em pagamento poderá ocorrer com a oferta de bens imóveis e na forma de lei específica. Dessa exegese sustenta-se, portanto, que caberia a cada ente federado regular, em função de sua autonomia, a viabilidade, ou não, da utilização do instituto da dação em pagamento como forma de extinção do crédito de natureza tributária, sem, contudo, deixar de observar o princípio licitatório.

Acerca do tema, o STF, num primeiro momento, entendeu que haveria necessidade da edição de lei complementar autorizando a extinção do crédito tributário através da dação em pagamento de bens, porém, em seguida, nos autos da ADI nº 2.405/RS,[108] o Tribunal alterou seu entendimento inicial,

[107] BRASIL. Superior Tribunal de Justiça. AgRg no REsp nº 738.797/RS. Relator: ministro Francisco Falcão. Primeira Turma. Julgamento em 21 de junho de 2005. *DJ*, 3 out. 2005.
[108] BRASIL. Supremo Tribunal Federal. ADI nº 2.405 MC. Relator: ministro Carlos Britto. Relator p/acórdão: ministro Sepúlveda Pertence. Tribunal Pleno. Julgamento em 6 de novembro de 2002. *DJ*, 17 fev. 2006.

declarando que o Estado-membro pode estabelecer regras específicas de quitação de seus próprios créditos tributários. Esse julgamento, ocorrido em 2002, tratava especificamente da dação em pagamento de bens imóveis, sendo que, após a edição da Lei Complementar nº 104/2001, que inseriu o inciso XI no art. 156 do CTN, não há dúvida acerca da possibilidade de dação em pagamento de bens imóveis para quitação de tributos, bastando a autorização legal e regulamentação do ente federado.

Contudo, com relação à dação em pagamento de bens móveis, não há manifestação específica do STF nesse sentido, eis que há somente um julgado posterior ao mencionado acima, proferido nos autos da ADI nº 1.917/DF,[109] que discutia a constitucionalidade da Lei Distrital nº 1.624/1997, que dispunha sobre o pagamento de débitos das microempresas, das empresas de pequeno porte e das médias empresas, mediante dação em pagamento de materiais destinados a atender a programas de governo do Distrito Federal. Na ocasião, entendeu-se que a norma impugnada violava o princípio licitatório do art. 37, XXI, da Constituição Federal, sendo, portanto, inconstitucional por essa razão e não pela necessidade de lei complementar sobre o tema.

Dessa forma, pode-se afirmar que a dação em pagamento, seja de bens imóveis, seja de bens móveis, é modalidade de extinção do crédito tributário, havendo previsão específica quanto à primeira no art. 156, XI, do CTN, devendo, contudo, além de haver previsão legal por parte do ente federado para quitação, observar sempre o princípio licitatório e os demais princípios administrativos, como o da moralidade, o da publicidade, entre outros.

[109] BRASIL. Supremo Tribunal Federal. ADI nº 1.917. Relator: ministro Ricardo Lewandowski. Tribunal Pleno. Julgamento em 26 de abril de 2007. *DJ*, 24 ago. 2007.

Questões de automonitoramento

1) Após ler este capítulo, você é capaz de resumir o caso gerador do capítulo 8, identificando as partes envolvidas, os problemas atinentes e as soluções cabíveis?
2) Resuma, em poucas palavras, a expressão que melhor define o conceito de transação tributária.
3) Qual a *ratio* da exigência de lei específica para a concessão de remissão na forma do que preceitua o art. 150, § 6º, da CRFB/1988?
4) Pense e descreva, mentalmente, alternativas de solução do caso gerador do capítulo 8.

4

Extinção. Prescrição e decadência

Roteiro de estudo

Introdução

O objetivo dos institutos da prescrição e da decadência é propiciar a estabilidade das relações sociais, ensejando a segurança jurídica, um dos pilares do Estado de direito, que não pode ficar ao sabor de incertezas decorrentes do curso do tempo, sem qualquer limite, para resolver conflitos de interesses.

Dessa forma, tais institutos têm como fatores determinantes a omissão do titular do direito em defendê-lo mediante o exercício da pretensão, bem assim o curso do tempo.

O Código Civil (CC) de 2002, diferenciando bem as espécies, regulou inteiramente o tema da prescrição e da decadência no direito privado. O art. 189 do referido diploma legal dispõe que "violado o direito, nasce para o titular a pretensão, a qual se extingue, pela prescrição, nos prazos a que aludem os arts. 205 e 206".

Assim, em se tratando de direitos privados, uma vez violado o direito, nasce, para seu titular, a pretensão, que deve ser exercitada em juízo, nos prazos definidos pelos arts. 205 e 206 do Código Civil.

Segundo Caio Mario Pereira da Silva,[110] *in litteris*:

> Para conceituar a prescrição, o Código partiu da ideia de pretensão. Foi a dogmática alemã que lhe deu origem. O titular de um direito subjetivo recebe da ordem jurídica o poder de exercê-lo, e normalmente o exerce, sem obstáculo ou oposição de quem quer. Se, entretanto, num dado momento, ocorre a sua violação por outrem, nasce para o titular uma pretensão exigível judicialmente – Anspruch. O sujeito não conserva indefinidamente a faculdade de intentar um procedimento judicial defensivo de seu direito. A lei, ao mesmo tempo em que reconhece, estabelece que a pretensão deve ser exigida em determinado prazo, sob pena de perecer. Pela prescrição, extingue-se a pretensão, nos prazos que a lei estabelece (art. 189 do Código de 2002).

A palavra pretensão, adotada pelo Código Civil, tem sua origem na dogmática alemã, e por pretensão entende-se a invocação de um direito em juízo, requerendo a prestação jurisdicional. A prescrição, em princípio, atinge todas as pretensões e, portanto, as respectivas ações que lhes são cabíveis, quer tratem de direitos pessoais, quer de direitos reais, privados ou públicos. A imprescritibilidade é excepcional.

A doutrina realiza a divisão do instituto da prescrição em duas outras subespécies: a extintiva e a aquisitiva. A primeira se caracteriza por acarretar a perda do direito de ação após o transcurso do prazo fixado para tanto. A segunda constitui a

[110] SILVA, Caio Mario Pereira da. *Instituições de direito civil*: introdução ao direito civil; teoria geral de direito civil. 20. ed. Rio de Janeiro: Forense, 2004. v. I, p. 683.

usucapião, mediante a qual se adquire o direito à propriedade de bens, nos termos dos arts. 1.238 e 1.244 do CC/2002.[111]

A decadência encontra-se prevista no atual Código Civil como causa extintiva do direito, pelo seu não exercício no prazo estipulado por lei, como consta nos arts. 207 a 211.

O objeto da decadência, entretanto, são os direitos potestativos, aqueles que existem por si próprios, independentemente de outros direitos, e que, por força da lei, devem ser exercidos em certo prazo. Caso não sejam exercitados por seus titulares, esses direitos se extinguem, independentemente da produção de efeitos, não mais podendo ser invocados por seus titulares.

A prescrição e a decadência são matérias de mérito, constituindo hipóteses de extinção do processo sem resolução, conforme disposto no art. 269, IV, do Código de Processo Civil (CPC). Em relação à Fazenda pública, a prescrição foi regulada pelo Decreto nº 20.910/1932, que, no seu art. 1º,[112] fixa em cinco anos, contados da data do ato ou fato do qual se originaram, a prescrição das dívidas passivas da União, dos estados e dos municípios, bem assim de todo e qualquer direito ou ação contra as fazendas federal, estadual e municipal.

Nos termos do art. 207 do CPC, foi reconhecida a possibilidade de impedimento da decadência e da suspensão, ou interrupção de seu curso, na medida em que tal dispositivo afirma que "Salvo disposição de lei em contrário, não se aplicam à decadência as normas que impedem, suspendem ou interrompem a prescrição". Esse dispositivo é relevante também, pois, em matéria tributária, pode a lei complementar, à qual é reservado o tratamento da decadência (CRFB, art. 146, III, "b"), dispor sobre as causas

---

[111] PREVITALLI, Cleide. *O processo tributário*. 7. ed. São Paulo: Revista dos Tribunais, 2011.

[112] Decreto nº 20.910/1932: "Art. 1º. As dívidas passivas da união, dos estados e dos municípios, bem assim todo e qualquer direito ou ação contra a fazenda federal, estadual ou municipal, seja qual for a sua natureza, prescrevem em cinco anos contados da data do ato ou fato do qual se originarem".

impeditivas, suspensivas ou interruptivas do curso do prazo decadencial e constituição do crédito tributário.

Ressalte-se que, com a ocorrência do fato gerador, nasce a obrigação tributária, e com o lançamento, a obrigação tornase líquida e certa, surgindo, dessa forma, o crédito tributário. Por isso, caso o sujeito passivo responsável pelo pagamento da obrigação tributária, depois de encerrado o procedimento administrativo, não realize o pagamento do crédito correspondente, a Fazenda Pública poderá promover a competente execução fiscal, objetivando a satisfação do seu crédito.

Nesse contexto, o prazo para que a administração pública promova o lançamento é decadencial e o prazo para que se ajuíze a ação de execução fiscal é prescricional. Dessa forma, operada a decadência, encontra-se extinto o direito de lançar e, verificado o alcance da prescrição, a Fazenda não pode promover o ajuizamento da execução fiscal.

Alguns doutrinadores defendem que aquele que pagou crédito tributário que já se encontrava extinto pela decadência faria jus à restituição, pois o direito da Fazenda Pública não mais existiria no momento do pagamento. Já quem pagasse um crédito tributário prescrito não teria sucesso em realizar um pedido de restituição, pois a prescrição extinguiria o direito de ação.

De acordo com Paulo de Barros Carvalho,[113] esse entendimento não merece prevalecer, pois o art. 156, V, do Código Tributário Nacional (CTN) afirma que a prescrição e a decadência extinguem o crédito tributário e, por isso, tanto o crédito pago que esteja prescrito quanto aquele alcançado pelo prazo decadencial possuem direito à restituição. Veja-se:

> Outro deplorável equívoco repousa na teoria perante a qual, sendo paga uma dívida caduca, terá cabimento a repetição,

[113] CARVALHO, Paulo de Barros. *Curso de direito tributário*. 24. ed. São Paulo: Saraiva, 2012. p. 418.

porque desaparecera o direito do sujeito ativo (isto é, o crédito). Contudo, tratando-se de débitos prescritos, não caberia a restituição, porquanto, embora houvesse perecido a ação, o sujeito pretensor continuava titular do direito. De qualquer ângulo pelo qual se examinem as duas situações, o nexo obrigacional estará extinto. Até o Código Tributário o reconhece, catalogando o instituto entre as formas extintivas.

O STJ também já proferiu diversas decisões nesse sentido, como no caso do julgamento dos embargos de divergência no REsp nº 29.432/RS, conforme consta do voto do ministro Ari Pargendler: "[...] a prescrição, no regime de direito civil, inibe a ação sem prejudicar o direito. Já no direito tributário, ela extingue tanto a ação quanto o direito (CTN, art. 156, V)".

E merece ainda destaque a decisão proferida pela Segunda Turma do STJ:

> PROCESSUAL CIVIL E TRIBUTÁRIO. REPETIÇÃO DE INDÉBITO. IPTU. ARTIGOS 156, INCISO V, E 165, INCISO I, DO CTN. INTERPRETAÇÃO CONJUNTA. PAGAMENTO DE DÉBITO PRESCRITO. RESTITUIÇÃO DEVIDA.
> 1. A partir de uma interpretação conjunta dos artigos 156, inciso V (que considera a prescrição como uma das formas de extinção do crédito tributário) e 165, inciso I (que trata a respeito da restituição de tributo) do CTN, há o direito do contribuinte à repetição do indébito, uma vez que o montante pago foi em razão de um crédito tributário prescrito, ou seja, inexistente. Precedentes: (REsp 1004747/RJ, Rel. Min. Luiz Fux, DJe 18/06/2008; REsp 636.495/RS, Rel. Min. Denise Arruda, DJ 02/08/2007)
> 2. Recurso especial provido.[114]

[114] BRASIL. Superior Tribunal de Justiça. REsp nº 646.328/RS. Relator: ministro Mauro Campbell Marques. Segunda Turma. Julgamento em 4 de junho de 2009. *DJe*, 23 jun. 2009.

Portanto, para diferenciar a decadência da prescrição, o que importa é o lançamento. Antes do lançamento, conta-se o prazo decadencial (prazo que o fisco tem para lançar) e quando o lançamento validamente realizado se torna definitivo, não mais se fala em decadência, pois o direito do Estado foi exercido, passando-se a contar o prazo prescricional (para a propositura da ação de cobrança). Ressalte-se que, segundo Hugo de Brito,[115] o lançamento do crédito tributário se torna definitivo nas seguintes situações:

1) não havendo impugnação, com a homologação do auto de infração;
2) havendo impugnação e sendo a decisão de primeira instância favorável à Fazenda Pública, se o sujeito passivo não recorrer;
3) havendo recurso, com a decisão definitiva favorável à Fazenda.

A decadência em matéria tributária

O prazo decadencial em matéria tributária é de cinco anos, contudo seu termo inicial é o ponto mais relevante sobre a matéria e existem quatro regras diferentes para a contagem do prazo decadencial aplicado aos tributos.

A regra geral encontra-se prevista no art. 173, I, do CTN, segundo o qual o direito da Fazenda Pública constituir o crédito tributário extingue-se após cinco anos, contados do primeiro dia do exercício seguinte àquele em que o lançamento poderia ter sido efetuado.

Nesse contexto, o art. 173 se presta aos lançamentos realizados por declaração e de ofício, enquanto nos casos de lançamento

[115] MACHADO, Hugo de Brito. *Curso de direito tributário*. 30. ed. São Paulo: Malheiros. 2009. p. 218.

por homologação, o prazo decadencial é regido pelo disposto no art. 150, § 4º, do CTN, conforme se verá adiante.

Anulação do lançamento fiscal por vício formal

Segundo o art. 173, II, do CTN, o direito de proceder ao lançamento extingue-se cinco anos contados da data em que se tornar definitiva a decisão que houver anulado, por vício formal, o lançamento anteriormente efetuado.

Tal regra somente é aplicável quando o vício do lançamento for de natureza formal, não aproveitando, portanto, os casos de vício material.

Dessa forma, explica a doutrina:

> [...] se o lançamento foi declarado nulo em virtude de cerceamento de defesa do sujeito passivo ou de autoridade lançadora carecer de competência legal para exercer a atividade, a regra é aplicável, pois o vício não se refere ao conteúdo do ato, mas sim a um aspecto formal. Já no caso em que o lançamento é anulado porque o órgão julgador entendeu que a situação considerada como fato gerador do tributo não se enquadra na hipótese legal de incidência tributária, não cabe a anulação do crédito tributário, pois o vício é material e não formal, sendo o lançamento improcedente.
>
> A maior discussão nesse caso refere-se à possibilidade de enquadramento como hipótese de interrupção de fluência do prazo decadencial.
>
> Se o prazo para a constituição do crédito tributário já começou a fluir em virtude da incidência da regra geral, e o lançamento foi efetivado antes de consumada a decadência, teoricamente, as preocupações se voltariam para o prazo de prescrição. Entretanto, se tal lançamento vier a ser anulado, volta a ter importância a decadência, pois a Administração

> Tributária não está impedida de fazer novo lançamento com a correção dos vícios que macularam o primeiro.[116]

Ainda segundo o mesmo autor, a solução mais óbvia seria "afirmar que a Administração Tributária deveria efetuar o novo lançamento antes de concluído o lapso temporal de cinco anos, cuja fluência começara de acordo com a regra geral do art. 173, I, do CTN".[117] Entretanto, o CTN, seguindo uma lógica mais pró-fazendária, concedeu a restituição integral do prazo.

Vale ressaltar:

> Parte da doutrina entende que a regra estatui hipótese de *interrupção do prazo decadencial*, porque o prazo começara a fluir, e um evento (anulação do lançamento) fez com que o mesmo fosse devolvido. Uma outra corrente doutrinária afirma que não se trata de interrupção de prazo, mas sim de concessão de um novo prazo, totalmente independente do originário.[118]

Mas de acordo com a regra prevista no art. 173, II, "parece adequada a conclusão de que o mesmo estipula prazo decadencial autônomo para o caso de anulação por vício formal do lançamento anteriormente realizado e não de intervenção de prazo decadencial".[119]

Antecipação da contagem do prazo decadencial

O parágrafo único do art. 173 do CTN dispõe que o direito de lançar se extingue "definitivamente com o decurso do prazo de

---

[116] ALEXANDRE, Ricardo. *Direito tributário esquematizado*. 4. ed. São Paulo: Método, 2010. p. 471.
[117] Ibid.
[118] Ibid., grifo nosso.
[119] Ibid., p. 472.

cinco anos, contados da data em que tenha sido iniciada a constituição do crédito tributário pela notificação, ao sujeito passivo, de qualquer medida preparatória indispensável ao lançamento".

Como exemplo prático, pode-se citar a situação em que antes de alcançar o *primeiro dia do exercício seguinte àquele em que o lançamento poderia ter sido efetuado*, a administração fazendária inicia procedimento fiscalizatório com a expedição de *termo de início de fiscalização*. A partir do momento de ciência por parte do contribuinte da lavratura do termo, o prazo decadencial se inicia em virtude da compreensão do início da fiscalização.

O lançamento por homologação

Conforme citado, o § 4º do art. 150 do CTN dispõe:

> Art. 150. O lançamento por homologação, que ocorre quanto aos tributos cuja legislação atribua ao sujeito passivo o dever de antecipar o pagamento sem prévio exame da autoridade administrativa, opera-se pelo ato em que a referida autoridade, tomando conhecimento da atividade assim exercida pelo obrigado, expressamente a homologa. [...]
> § 4º. Se a lei não fixar prazo a homologação, será ele de cinco anos, a contar da ocorrência do fato gerador; expirado esse prazo sem que a Fazenda Pública se tenha pronunciado, considera-se homologado o lançamento e definitivamente extinto o crédito, salvo se comprovada a ocorrência de dolo, fraude ou simulação.

O entendimento dominante é o de que, passado o prazo para a homologação sem que esta tenha sido expressamente realizada, configura homologação tácita e a decadência do direito de constituir o crédito tributário relativo a qualquer diferença entre o valor antecipado pelo sujeito passivo e aquele que a administração tributária entende devido.

Dessa forma, decai o direito da administração tributária de lançar de ofício as diferenças apuradas, caso deixe de *homologar o lançamento*. Assim, o prazo decadencial é contado da data de ocorrência do fato gerador, salvo se comprovada a ocorrência de fraude, dolo ou simulação, conforme jurisprudência do STJ.

Contudo, nos termos ainda do entendimento do STJ sobre o assunto, conforme § 1º do art. 150 do CTN, deve haver antecipação do pagamento para que se extinga o crédito tributário sob condição resolutória de ulterior homologação. Não pago o crédito tributário na data do vencimento ou pago com dolo, fraude ou simulação, não se pode mais falar em lançamento por homologação, mas lançamento de ofício, nos termos do art. 149 do CTN.

Assim, de acordo com o entendimento do STJ mais recente e a maioria doutrinária tem-se que:

1) no lançamento por homologação, havendo pagamento integral no vencimento, sem dolo, fraude ou simulação, aplica-se isoladamente o § 4º do art. 150, ou seja, cinco anos da ocorrência do fato gerador;
2) havendo pagamento parcial, aplica-se a regra do pagamento integral, conforme o § 4º do art. 150;
3) ocorrendo dolo, fraude ou simulação, aplica-se isoladamente a regra geral do art. 173, I, do CTN, em face da ressalva constante do art. 150, § 4º, do CTN.

Segundo Hugo de Brito Machado:[120]

> Há quem sustente que, tratando-se de tributo sujeito ao lançamento por homologação, o prazo de decadência começa quando termina o prazo para a homologação, vale dizer, cinco anos

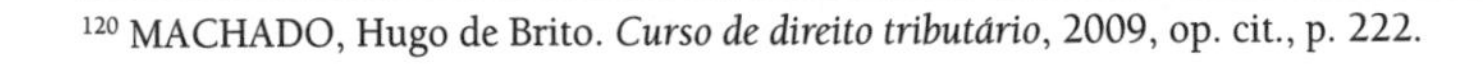

[120] MACHADO, Hugo de Brito. *Curso de direito tributário*, 2009, op. cit., p. 222.

depois de ocorrido o respectivo fato gerador. Salvo hipótese de homologação expressa, que em geral não acontece, esse prazo seria então de dez anos, contados da ocorrência do fato gerador do tributo. Tal entendimento é incorreto, data vênia. Não existe nenhuma razão para que seja assim. A partir do momento em que o contribuinte apura o montante do tributo e antecipa o seu pagamento, já a Fazenda, se discordar daquele montante, pode deixar de homologar a apuração feita pelo contribuinte e efetuar de ofício a sua revisão. O prazo para fazer a revisão, neste caso, é de cinco anos a partir do fato gerador do tributo. É o mesmo prazo de que a Fazenda dispõe para homologar a apuração feita pelo contribuinte. [...], neste caso, não passa de uma alternativa à homologação.

Luciano Amaro ressalta que, "quando não se efetua o pagamento 'antecipado' exigido pela lei, não há possibilidade de lançamento por homologação, pois simplesmente *não há o que se homologar*, a homologação não pode operar no vazio".[121]

Considerando que o art. 150 não regulou a hipótese e o art. 149, V, dispõe apenas que cabe o lançamento de ofício enquanto, obviamente, não extinto o direito de o fisco lançar, o prazo a ser aplicado para a hipótese deve seguir a regra geral do art. 173, I, do CTN, ou seja, cinco anos contados do primeiro dia do exercício seguinte àquele em que o lançamento de ofício poderia ter sido efetuado.

Nesse sentido, o extinto TFR, por meio da edição da Súmula nº 219, entendia que, "não havendo antecipação de pagamento, o direito de constituir o crédito previdenciário extingue-se decorridos 5 (cinco) anos do primeiro dia do exercício seguinte àquele em que ocorreu o fato gerador".

---

[121] AMARO, Luciano. *Direito tributário brasileiro*. 9. ed. São Paulo: Saraiva, 2003. p. 507, grifo nosso.

Portanto, na falta de disposição expressa que disponha sobre o prazo de lançamento na ausência de pagamento, deve prevalecer o entendimento expressado no verbete sumular nº 219 do TFR.

Por todo o exposto, a aplicação da soma dos prazos decadenciais feria o sistema do código, violando a aplicação harmônica e razoável de seus dispositivos, mostrando-se teratológica no sentido de aplicar a regra dos cinco mais cinco. Tal entendimento se baseava em alguns posicionamentos da jurisprudência que corroboravam essa tese. Veja-se:

> EMBARGOS DE DIVERGÊNCIA. TRIBUTÁRIO. LANÇAMENTO POR HOMOLOGAÇÃO. CONSTITUIÇÃO DO CRÉDITO. DECADÊNCIA. CINCO ANOS CONTADOS DO FATO GERADOR.
> Em se tratando de tributo sujeito a lançamento por homologação, a fixação do termo a *quo* do prazo decadencial para a constituição do crédito deve considerar, em conjunto, os artigos 150, § 4º, e 173, I, do Código Tributário Nacional.
> Na hipótese em exame, que cuida de lançamento por homologação (contribuição previdenciária) com pagamento antecipado, o prazo decadencial será de cinco anos a contar da ocorrência do fato gerador.
> "Nas exações cujo lançamento se faz por homologação, havendo pagamento antecipado, conta-se o prazo decadencial a partir da ocorrência do fato gerador (art. 150, § 4º, do CNT). Somente quando não há pagamento antecipado, ou há prova de fraude, dolo ou simulação é que se aplica o disposto no art. 173, I, do CTN" (REsp n. 183.603/SP, Rel. Min. Eliana Calmon, DJ de 13.08.2001).
> Embargos de divergência acolhidos.[122]

[122] BRASIL. Superior Tribunal de Justiça. EREsp nº 278.727/DF. Relator: ministro Franciulli Netto. Primeira Seção. Julgamento em 27 de agosto de 2003. *DJ*, 28 out. 2003, p. 184.

Assim, até o advento da LC nº 118/2005, o STJ possuía uma tese homônima referente ao prazo para que o sujeito pleiteasse restituição de valores pagos a título de tributo na sistemática do lançamento por homologação, e tal tese possuía também o efeito de ampliar o prazo para que a Fazenda Pública constituísse créditos tributários.

Isso porque, antes do advento da LC nº 118/2005, em se tratando de tributo sujeito ao lançamento por homologação, o STJ firmara sua jurisprudência no sentido de ser decenal o prazo para a prescrição da ação de repetição do indébito tributário, em favor do contribuinte.

Esse entendimento foi adotado por aquele corte no início da década de 1990, quando se apreciava a restituição do empréstimo compulsório instituído pelo Decreto-Lei nº 2.288/1986, que havia sido declarado inconstitucional e, por isso, o tribunal reconheceu a possibilidade de os contribuintes receberem as quantias então recolhidas.

Tal fundamento se baseou na interpretação dos arts. 142, 156, I, e 150, § 4º, do CTN, tendo entendido que, antes da homologação do lançamento, não se poderia falar em crédito tributário constituído e, por conseguinte, no pagamento que o extingue, motivo pelo qual o prazo definido no art. 168 do CTN somente teria início a partir do momento da homologação, tácita ou expressa, pela administração.[123]

Nesse contexto, foi aprovada a LC nº 118/2005, dispondo sobre as garantias e os privilégios do crédito tributário em relação à nova Lei de Falências, e que fixou, no seu art. 3º, como termo inicial do prazo prescricional para a repetição do indébito, nos casos de tributos sujeitos ao lançamento por homologação, a data do pagamento antecipado do tributo.

[123] BRASIL. Superior Tribunal de Justiça. EREsp nº 42.720. Relator: ministro Humberto Gomes de Barros. Julgamento em 14 de março de 1995. *DJ*, 17 abr. 1995.

Esse dispositivo atingiu diretamente o entendimento do STJ, que sustentava como início da contagem do prazo prescricional da ação do contribuinte a data da homologação, tácita ou expressa, em se tratando dos tributos sujeitos ao lançamento por homologação.

Para que se entenda a aplicabilidade da LC nº 118/2005 em matéria tributária, torna-se necessária a análise dos arts. 105 e 106 do CTN, que serão tratados a seguir.

A Lei Complementar nº 118/2005

No art. 105 do CTN, o legislador utiliza-se, de forma atécnica, de expressões questionáveis, ao afirmar que "a legislação tributária aplica-se *imediatamente* aos fatos geradores *futuros*" (grifos nossos). Afirma-se isso em razão de tal situação ser de difícil visualização nos casos em que não se pode aplicar uma norma imediatamente a um comportamento que ainda não foi praticado.

Nesse sentido, posiciona-se Paulo de Barros Carvalho[124] no seguinte sentido: "*Fato* gerador pendente é aquele que não aconteceu e, se por alguma razão deixou de completar-se, não pode ser chamado de *fato gerador*. Pendente é adjetivo que qualifica a expressão *fato gerador*. Se essa inexistir, não terá o que qualificar".

O art. 106 do CTN constitui exceção à regra da irretroatividade da lei tributária, veiculada pelo art. 150, III, "a", da CRFB.

No direito tributário, a lei deve ser aplicada em caráter prospectivo, não podendo regular fatos ocorridos antes do início de sua vigência. No entanto, algumas situações, previstas no

[124] CARVALHO, Paulo de Barros. *Curso de direito tributário*. 4. ed. São Paulo: Saraiva 1990. p. 69-70, grifos no original.

referido art. 106, permitem a aplicação da lei tributária retroativamente, seja qual for o órgão com competência normativa.

O inciso I do art. 106 traz a primeira hipótese, que é a da lei interpretativa, e no inciso II tem-se o outro caso de aplicação retroativa da norma tributária, que versa sobre as infrações tributárias.

Em síntese, a lei interpretativa é aquela cujo conteúdo é a atribuição de um significado a uma lei precedente. Não inova o ordenamento jurídico, limitando-se a esclarecer o significado de um texto já existente, eivado de incerteza ou imprecisão, não lhe sendo permitido alterar o texto que interpreta.

Justamente por esses limites, a lei interpretativa não encontra espaço no ordenamento jurídico, sendo medida excepcional, não dotada de eficácia *ex tunc*, estando limitada a esclarecer o objetivo de outra norma. A esta é que se dá a eficácia prospectiva, não sendo admissível que a lei interpretativa se aplique retroativamente.

Dispõe o art. 3º da LC nº 118/2005 no seguinte sentido:

> [...] para efeito de interpretação do inciso I do art. 168 da Lei 5.172, de 25 de outubro de 1966 – Código Tributário Nacional, a extinção do crédito tributário ocorre, no caso de tributo sujeito a lançamento por homologação, no momento do pagamento antecipado de que trata o § 1º do art. 150, da referida Lei.

Para finalizar o raciocínio, vale recordar as palavras de Cleide Previtalli,[125] concluindo toda a questão:

> A análise desse dispositivo, à luz das considerações antes apresentadas, conduz às seguintes conclusões:
>
> a) o escopo visado pelo legislador foi o de qualificar o art. 3º, como dispositivo introdutor de norma interpretativa, a qual

[125] PREVITALLI, Cleide. *O processo tributário*, 2011, op. cit.

teria supostamente eficácia retroativa, nos termos prescritos pelo art. 106, I, do CTN;

b) a adoção da expressão "para efeito de interpretação" e a remissão feita ao citado dispositivo do CTN que rege a matéria (inciso I do art. 106) demonstram que o legislador denominou parte do texto da LC 118/2005 como lei interpretativa;

c) isso bastaria para qualificá-la como tal? Em nosso entendimento não basta, porque a essência de uma lei interpretativa não se encontra em sua denominação ou no propósito buscado pelo legislador. O critério decisivo para tanto é a eliminação de dúvida, de uma situação de incerteza jurídica, que leva à adoção de posicionamentos diferentes pelos órgãos aplicadores do direito;

d) no caso em estudo, esse tipo de situação não existe, porque, à época da promulgação da LC 118/2005, a exegese dos arts. 168, I e 150, § 1º, do CTN estava sedimentada pela jurisprudência do Superior Tribunal de Justiça, encarregado de velar pela uniformização da interpretação da legislação federal;

e) assim, o art. 3º da LC 118/2005 não estancou qualquer dúvida existente no sistema; logo, não se trata de lei interpretativa, sendo inquestionável que o propósito do legislador foi o de modificar o prazo para a repetição do indébito tributário, na hipótese de tributo sujeito ao lançamento por homologação, reduzindo-o;

f) assim agindo, criou nova regra no ordenamento jurídico, uma vez que, além dos critérios de prescrição que podem ser construídos com base no art. 168 do CTN, o texto normativo em pauta inseriu um novo mecanismo de contagem do prazo, veiculando nova norma jurídica, que pode ser construída da seguinte forma: em se tratando de tributo sujeito ao lançamento por homologação que se sustenta indevidamente recolhido, o prazo de prescrição é de cinco anos para a propositura de ação visando sua restituição ou compensação com outros créditos tributários;

g) a doutrina consulada nos levou ao entendimento de que esse dispositivo não está eivado de inconstitucionalidade, por ter importado em redução do prazo prescricional. Lei complementar que reduz prazo de prescrição é coerente com a Constituição Federal;

h) não mais persistem dúvidas sobre a contagem do prazo prescricional, por força da LC 118/2005, na medida em que o Superior Tribunal de Justiça esclareceu a matéria, em todos os ângulos, como consta, entre outros julgados, do acórdão nos autos do Embargos de Divergência em Recurso Especial 653.748, julgados pela Primeira Seção em 23.11.2005, sendo relator o Min. José Delgado e relator para acórdão o Min. Luiz Fux, cuja leitura recomendamos, diante das profundas lições contidas nessa decisão;

i) como lembra Ricardo Lobo Torres: para que a lei possa ser considerada interpretativa é necessário que disponha no mesmo sentido das decisões judiciais; se vier resolver conflito jurisprudencial ou estabelecer orientação contrária à da jurisprudência vitoriosa, não será interpretativa, mas lei de natureza constitutiva ou *ius novum*;

j) o prazo objeto da LC 118/2005 não se aplica aos processos em curso, e, em se tratando de processo administrativo, também é inaplicável, porque esbarra na vedação do art. 146 do CTN: "A modificação introduzida, de ofício ou em consequência de decisão administrativa ou judicial, nos critérios jurídicos adotados pela autoridade administrativa no exercício do lançamento somente pode ser efetivada, em relação a um mesmo sujeito passivo, quanto a fato gerador ocorrido posteriormente à sua introdução";

l) as relações jurídicas surgidas antes do advento da LC 118/2005 devem ser reguladas pelo critério decenal da contagem da prescrição fixada pela jurisprudência do STJ, alcançando todos os fatos jurídicos iniciados antes de 9 de junho de 2005 (termo inicial da vigência da lei mencionada), ainda que o pagamento antecipado do tributo não tenha sido efetuado;

m) para os fatos imponíveis posteriormente ocorridos, deverá ser aplicada a prescrição quinquenal, que fluirá a contar do recolhimento antecipado da exação.

O Supremo Tribunal Federal, ao analisar a matéria, consolidou o entendimento no seguinte sentido:

> DIREITO TRIBUTÁRIO – LEI INTERPRETATIVA – APLICAÇÃO RETROATIVA DA LEI COMPLEMENTAR Nº 118/2005 – DESCABIMENTO – VIOLAÇÃO À SEGURANÇA JURÍDICA – NECESSIDADE DE OBSERVÂNCIA DA VACATIO LEGIS – APLICAÇÃO DO PRAZO REDUZIDO PARA REPETIÇÃO OU COMPENSAÇÃO DE INDÉBITOS AOS PROCESSOS AJUIZADOS A PARTIR DE 9 DE JUNHO DE 2005. Quando do advento da LC 118/05, estava consolidada a orientaçao da Primeira Seção do STJ no sentido de que, para os tributos sujeitos a lançamento por homologação, o prazo para repetição ou compensação de indébito era de 10 anos contados do seu fato gerador, tendo em conta a aplicação combinada dos arts. 150, § 4º, 156, VII, e 168, I, do CTN. A LC 118/05, embora tenha se autoproclamado interpretativa, implicou inovação normativa, tendo reduzido o prazo de 10 anos contados do fato gerador para 5 anos contados do pagamento indevido. Lei supostamente interpretativa que, em verdade, inova no mundo jurídico deve ser considerada como lei nova. Inocorrência de violação à autonomia e independência dos Poderes, porquanto a lei expressamente interpretativa também se submete, como qualquer outra, ao controle judicial quanto à sua natureza, validade e aplicação. A aplicação retroa-

tiva de novo e reduzido prazo para a repetição ou compensação de indébito tributário estipulado por lei nova, fulminando, de imediato, pretensões deduzidas tempestivamente à luz do prazo então aplicável, bem como a aplicação imediata às pretensões pendentes de ajuizamento quando da publicação da lei, sem resguardo de nenhuma regra de transição, implicam ofensa ao princípio da segurança jurídica em seus conteúdos de proteção da confiança e de garantia do acesso à Justiça. Afastando-se as aplicações inconstitucionais e resguardando-se, no mais, a eficácia da norma, permite-se a aplicação do prazo reduzido relativamente às ações ajuizadas após a *vacatio legis*, conforme entendimento consolidado por esta Corte no enunciado 445 da Súmula do Tribunal. O prazo de *vacatio legis* de 120 dias permitiu aos contribuintes não apenas que tomassem ciência do novo prazo, mas também que ajuizassem as ações necessárias à tutela dos seus direitos. Inaplicabilidade do art. 2.028 do Código Civil, pois, não havendo lacuna na LC 118/08, que pretendeu a aplicação do novo prazo na maior extensão possível, descabida sua aplicação por analogia. Além disso, não se trata de lei geral, tampouco impede iniciativa legislativa em contrário. Reconhecida a inconstitucionalidade art. 4º, segunda parte, da LC 118/05, considerando-se válida a aplicação do novo prazo de 5 anos tão somente às ações ajuizadas após o decurso da *vacatio legis* de 120 dias, ou seja, a partir de 9 de junho de 2005. Aplicação do art. 543-B, § 3º, do CPC aos recursos sobrestados. Recurso extraordinário desprovido.[126]

Portanto, considerando todo o exposto, tem-se que, atualmente, começa-se a contar o prazo de decadência do direito

[126] BRASIL. Supremo Tribunal Federal. RE nº 566.621. Relatora: ministra Ellen Gracie. Tribunal Pleno. Julgamento em 4 de agosto de 2011. Repercussão geral. Mérito. *DJe*, 11 out. 2011.

do contribuinte de requerer a restituição ou a compensação nos termos do art. 168 do CTN, e, caso seja negado tal pedido administrativo, no prazo de dois anos fixados pelo CTN no art. 169 o contribuinte pode requerer a anulação do ato denegatório pela administração. Esgotado esse prazo, desde que o contribuinte não tenha apresentado o requerimento de que trata o art. 168, ocorre a prescrição do direito à repetição do indébito, não sendo admissível o acesso ao Judiciário para esse fim.

Entretanto, as normas de decadência e de prescrição do direito de requerer a restituição e de propor a ação para desconstituir a decisão administrativa que negou o pedido de restituição ou compensação feito pelo contribuinte não podem colidir com o direito de livre acesso ao Poder Judiciário. Por isso, para que tal direito não seja violado, caso o contribuinte não utilize o procedimento previsto nos arts. 168 e 169 do CTN, utilizar-se-ia, pois, o previsto no Decreto nº 20.910/1932, observando o prazo prescricional de cinco anos contados a partir da constituição do crédito tributário. Este é o entendimento de parte dos doutrinadores, como Cleide Previtalli.

Ressalte-se que a prescrição não atinge o direito reclamado em se tratando de pretensão envolvendo relações jurídicas de trato sucessivo, conforme dispõe a Súmula nº 85 do STJ:

> Nas relações jurídicas de trato sucessivo em que a fazenda pública figure como devedora, quando não tiver sido negado o próprio direito reclamado, a prescrição atinge apenas as prestações vencidas antes do quinquênio anterior à propositura da ação.

Nesse mesmo sentido, dispõe a Súmula nº 443 do STF:

> A prescrição das prestações anteriores ao período previsto em lei não ocorre, quando não tiver sido negado, antes daquele prazo, o próprio direito reclamado, ou a situação jurídica de que ele resulta.

Conforme dito, o art. 173 do CTN dispõe sobre a contagem do prazo decadencial aplicável geralmente aos tributos sujeitos ao lançamento de ofício (CTN, art. 149) e ao lançamento por declaração (CTN, art. 147).

Nos casos dos tributos sujeitos ao lançamento por homologação, nos termos do art. 150, § 4º, do CTN, o prazo de decadência é de cinco anos, a contar da data em que ocorreu o fato gerador do tributo, sendo que, uma vez expirado esse prazo sem que a Fazenda Pública tenha se pronunciado, considera-se homologação o lançamento e definitivamente extinto o crédito.

Ressalte-se que esse entendimento está de acordo com o atual pensamento do STJ, que acredita que se ocorrer recolhimento do tributo, ainda que parcial, aplica-se a contagem do prazo decadencial previsto no art. 150, § 4º. Entretanto, alguns tribunais administrativos têm decidido de maneira diversa, aplicando sempre o termo inicial para a contagem do prazo, nos termos do art. 173, I, do CTN, alegando basicamente que os órgãos administrativos são obrigados a seguir o que dispõem as legislações estaduais.

Pois bem, o lançamento por homologação ocorre quando, diante da espécie de tributo, o contribuinte antecipa o pagamento devido, sujeitando esse recolhimento a posterior homologação fiscal.

Se o contribuinte não seguir esse procedimento, não ocorrerá a homologação posterior, nem expressa e nem tácita, devendo a Fazenda adotar o lançamento de ofício para a espécie, nos termos do art. 149 do CTN.

Assim, o lançamento por homologação depende, a rigor, do cumprimento voluntário, por parte dos contribuintes e de terceiros, de suas obrigações perante o fisco. Por isso, o caso do lançamento por homologação depende inteiramente, para sua realização, da espontaneidade no cumprimento do dever de colaboração por parte do contribuinte.

Em consequência, inexistindo a antecipação do pagamento, ou ocorrendo descumprimento doloso ou fraudulento de obrigação tributária, não poderá a Fazenda exigir o tributo sem o lançamento de ofício, pois tal ato administrativo é necessário para a cobrança do crédito tributário.

Por outro lado, o crédito tributário pode vir a ser constituído pelo sujeito passivo da relação jurídica tributária, mediante a apresentação dos documentos em que apura seus créditos e débitos em face da Fazenda Pública.

Desse modo, na medida em que o contribuinte apura os créditos e débitos (por meio do cumprimento de obrigações acessórias; ex.: DCTF, GIA, GFIP), atua constituindo o crédito tributário, sendo desnecessário o ato de lançamento por parte da Fazenda Pública.

Nesses casos, o crédito não está sujeito à decadência, podendo a Fazenda Pública inscrever seu crédito no valor declarado em dívida ativa e promover a execução fiscal, caso o contribuinte não recolha o valor declarado. Entende o STJ:

> TRIBUTÁRIO. OBRIGAÇÕES TRIBUTÁRIAS DECLARADAS EM DCTF. DÉBITO DECLARADO E NÃO PAGO. AUTOLANÇAMENTO. PRÉVIO PROCESSO ADMINISTRATIVO. DESNECESSIDADE.
>
> 1. Tratando-se de Declaração de Contribuições de Tributos Federais (DCTF) cujo débito declarado não foi pago pelo contribuinte, torna-se prescindível a homologação formal, passando a ser exigível independentemente de prévia notificação ou da instauração de procedimento administrativo fiscal.
>
> 2. Deveras, se o crédito tributário encontra-se constituído a partir do momento da declaração realizada mediante a entrega da DCTF, não há cogitar-se da incidência do instituto da decadên-

cia, que é prazo destinado à constituição do crédito tributário.
3. Recurso parcialmente conhecido e, nesta parte, improvido.[127]

TRIBUTÁRIO. ICMS. EXECUÇÃO PROPOSTA COM BASE EM DECLARAÇÃO PRESTADA PELO CONTRIBUINTE. PREENCHIMENTO DA GIA – GUIA DE INFORMAÇÃO E APURAÇÃO DO ICMS. DÉBITO DECLARADO E NÃO PAGO. AUTOLANÇAMENTO. PRÉVIO PROCESSO ADMINISTRATIVO. DESNECESSIDADE. PRESCRIÇÃO. INCIDÊNCIA.
1. Tratando-se de Guia de Informação e Apuração do ICMS, cujo débito declarado não foi pago pelo contribuinte, torna-se prescindível a homologação formal, passando a ser exigível independentemente de prévia notificação ou da instauração de procedimento administrativo fiscal.
2. Considerando-se constituído o crédito tributário a partir do momento da declaração realizada, mediante a entrega da Guia de Informação e Apuração do ICMS (GIA), não há cogitar-se da incidência do instituto da decadência, que retrata o prazo destinado à "constituição do crédito tributário", *in casu*, constituído pela Guia de Informação e Apuração do ICMS, aceita pelo Fisco.
3. Destarte, não sendo o caso de homologação tácita, não se opera a incidência do instituto da decadência (artigo 150, § 4º, do CTN), incidindo a prescrição nos termos em que delineados no artigo 174, do CTN, vale dizer: no quinquênio subsequente à constituição do crédito tributário, que, *in casu*, tem seu termo inicial contado a partir do momento da declaração realizada mediante a entrega da Guia de Informação e Apuração do ICMS (GIA).
4. Recurso improvido.[128]

[127] BRASIL. Superior Tribunal de Justiça. REsp nº 531.851/PR. Relator: ministro Luiz Fux. Primeira Turma. Julgamento em 19 de fevereiro de 2004. *DJ*, 28 abr. 2004, p. 234.
[128] BRASIL. Superior Tribunal de Justiça. REsp nº 500.191/SP. Relator: ministro Luiz Fux. Primeira Turma. Julgamento em 5 de junho de 2003. *DJ*, 23 jun. 2003, p. 279.

Existe, entretanto, controvérsia quanto ao termo inicial da contagem do prazo prescricional nestes casos – se a data da apresentação da declaração ou se a data do vencimento do tributo declarado. Segue jurisprudência sobre o tema:

> TRIBUTÁRIO. DECLARAÇÃO DO DÉBITO PELO CONTRIBUINTE. FORMA DE CONSTITUIÇÃO DO CRÉDITO TRIBUTÁRIO, INDEPENDENTE DE QUALQUER OUTRA PROVIDÊNCIA DO FISCO. COMPENSAÇÃO. MODALIDADE DE EXTINÇÃO DO CRÉDITO (CTN, ART. 156, II). NECESSIDADE DE INFORMAÇÃO À ADMINISTRAÇÃO SOBRE O PROCEDIMENTO, PARA VIABILIZAR O EXERCÍCIO DO DIREITO DE FISCALIZAÇÃO.
>
> 1. Segundo jurisprudência pacífica do STJ, a apresentação, pelo contribuinte, de Declaração de Débitos e Créditos Tributários Federais – DCTF (instituída pela IN-SRF 129/86, atualmente regulada pela IN8 SRF 395/2004, editada com base no art. 5º do DL 2.124/84 e art. 16 da Lei 9.779/99) ou de Guia de Informação e Apuração do ICMS – GIA, ou de outra declaração dessa natureza, prevista em lei, é modo de constituição do crédito tributário, dispensada, para esse efeito, qualquer outra providência por parte do Fisco. Precedentes da 1ª Seção: AgRg nos ERESP 638.069/SC, DJ de 13.06.2005; AgRg no ERESP 509.950/PR, DJ de 13.06.2005.
>
> 2. A falta de recolhimento, no devido prazo, do valor correspondente ao crédito tributário assim regularmente constituído acarreta, entre outras consequências, as de (a) autorizar a sua inscrição em dívida ativa; (b) fixar o termo a *quo* do prazo de prescrição para a sua cobrança; (c) inibir a expedição de certidão negativa do débito; (d) afastar a possibilidade de denúncia espontânea.
>
> 3. É também consequência natural da constituição do crédito tributário por declaração do contribuinte (via DCTF) a de per-

mitir a sua compensação com valores de indébito tributário. A compensação, com efeito, supõe, de um lado, créditos tributários devidamente constituídos e, de outro, obrigações líquidas, certas e exigíveis (CTN, art. 170). Os tributos constantes de DCTF são desde logo passíveis de compensação justamente porque a declaração do contribuinte importou a sua constituição como crédito tributário.
4. Realizando a compensação, e, com isso, promovendo a extinção do crédito tributário (CTN, art. 156, II), é indispensável que o contribuinte informe o Fisco a respeito. Somente assim poderá a Administração averiguar a regularidade do procedimento, para, então, (a) homologar, ainda que tacitamente, a compensação efetuada, desde cuja realização, uma vez declarada, não se poderá recusar a expedição de Certidão Negativa de Débito; (b) proceder ao lançamento de eventual débito remanescente, a partir de quando ficará interditado o fornecimento da CND.
5. Embargos de divergência a que se dá provimento.[129]

TRIBUTÁRIO. EMBARGOS À EXECUÇÃO FISCAL. PRESCRIÇÃO. DIVERGÊNCIA JURISPRUDENCIAL CONFIGURADA. CRÉDITOS TRIBUTÁRIOS DECLARADOS E NÃO PAGOS. CITAÇÃO PESSOAL EFETIVADA APÓS A CONSUMAÇÃO DO PRAZO PRESCRICIONAL QUINQUENAL PARA A COBRANÇA.
1. A Primeira Seção desta Corte, no julgamento do REsp 673.585/PR (Rel. Min. Eliana Calmon, DJ de 5.6.2006, p. 238), firmou o entendimento no sentido de que, "em se tratando de tributo lançado por homologação, tendo o contribuinte declarado o débito através de Declaração de Contribuições

[129] BRASIL. Superior Tribunal de Justiça. EREsp nº 576.661/RS. Relator: ministro Teori Albino Zavascki. Primeira Seção. Julgamento em 27 de setembro de 2006. *DJ*, 16 out. 2006, p. 277.

de Tributos Federais (DCTF) e não pago no vencimento, considera-se desde logo constituído o crédito tributário, tornando-se dispensável a instauração de procedimento administrativo e respectiva notificação prévia. Nessa hipótese, se o débito declarado somente pode ser exigido a partir do vencimento da obrigação, nesse momento é que começa a fluir o prazo prescricional".

2. No caso, a parte recorrente defende a consumação do prazo prescricional quinquenal para a cobrança de créditos tributários referentes ao IRPJ e à COFINS do ano-base de 1995, constituídos via declaração de rendimentos, cujos vencimentos ocorreram em datas compreendidas entre os meses de janeiro a maio e setembro a dezembro de 1995. Portanto, deve-se reconhecer que a dívida encontra-se prescrita, já que a firma devedora foi citada na pessoa de seu representante legal em agosto de 2001.

3. Recurso especial provido para julgar procedentes os embargos à execução fiscal, declarando-se prescrita a dívida executada.[130]

TRIBUTÁRIO – EMBARGOS À EXECUÇÃO FISCAL – DÉBITO DECLARADO PELO CONTRIBUINTE E NÃO PAGO NO VENCIMENTO – DCTF – PRESCRIÇÃO – TERMO INICIAL.

1. Em se tratando de tributo lançado por homologação, tendo o contribuinte declarado o débito através de Declaração de Contribuições de Tributos Federais (DCTF) e não pago no vencimento, considera-se desde logo constituído o crédito tributário, tornando-se dispensável a instauração de procedimento administrativo e respectiva notificação prévia.

2. Divergências nas Turmas que compõem a Primeira Seção no tocante ao termo *a quo* do prazo prescricional: a) Primeira

[130] BRASIL. Superior Tribunal de Justiça. REsp nº 671.043/PR. Relatora: ministra Denise Arruda. Primeira Turma. Julgamento em 21 de agosto de 2007. *DJ*, 17 set. 2007, p. 211.

Turma: a partir da entrega da DCTF; b) Segunda Turma: da data do vencimento da obrigação.
3. Hipótese dos autos que, por qualquer dos entendimentos está prescrito o direito da Fazenda Nacional cobrar seu crédito.
4. Recurso especial provido.[131]

Suspensão da exigibilidade do crédito e suspensão do prazo de decadência

Segundo parte da doutrina, a suspensão da exigibilidade do crédito tributário não suspende nem interrompe a fluência do prazo decadencial. Nesse sentido, se não realizado o lançamento pela Fazenda, ocorrerá a caducidade desse direito subjetivo. Corroborando tal afirmação, há precedentes jurisprudenciais declarando a ocorrência de decadência quando o crédito tributário se encontra com a exigibilidade suspensa pelo depósito judicial, mas não foi lançado.

De acordo com esse entendimento, a ordem judicial não deve ser direcionada no sentido de proibir ou impedir a autoridade fazendária de implementar o lançamento, pois, além de não haver previsão legal no sentido da não suspensão ou interrupção da fluência do prazo decadencial, o lançamento, por expressa disposição dos arts. 3º e 142 do CTN, é ato administrativo vinculado e obrigatório, sob pena de responsabilidade funcional do agente fiscal.

Sacha Calmon[132] afirma que a liminar que impede expressamente o lançamento tem consequências sobre o prazo

---

[131] BRASIL. Superior Tribunal de Justiça. REsp nº 644.802/PR. Relatora: ministra Eliana Calmon. Segunda Turma. Julgamento em 27 de março de 2007. *DJ*, 13 abr. 2007, p. 363.
[132] COÊLHO, Sacha Calmon Navarro. *Liminares e depósitos antes do lançamento por homologação*: decadência e prescrição. São Paulo: Dialética, 2000, passim.

decadencial, pois, se o Poder Judiciário proíbe a prática do ato administrativo do lançamento, não há que falar em preclusão, eis que o ato não é livre nem reside na disposição ao agente, imobilizando reflexamente o fluir do lapso decadencial.

Segundo ainda o mesmo doutrinador, na doutrina clássica do direito tributário, a contar do fato gerador até o lançamento, corre o prazo de decadência, e feito o lançamento, até o dia do ajuizamento da ação de execução fiscal, corre o prazo de prescrição, sendo descontados os períodos de suspensão da exigibilidade do crédito porque pelo princípio da *actio nata* não corre o tempo contra o credor se este estiver impedido de agir em razão de obstáculo *ab extra* que refuja à sua vontade.

De acordo com o entendimento do STJ, tem-se o seguinte:

> Se o depósito de um tributo questionado via ação declaratória inibe o Fisco de lançar e, ainda, suspender a exigibilidade, como fica o curso do prazo para lançar? O Fisco não está inibido de constituir o seu crédito. A Fazenda dispõe do prazo de cinco anos para exercer o direito de constituir seu crédito por meio do lançamento. Esse prazo não se sujeita à suspensão ou interrupção nem por ordem judicial nem por depósito do valor devido. Sendo assim, após cinco anos do fato gerador sem lançamento, com ou sem depósito, ocorre a decadência. Com esse entendimento, a Turma provê o recurso, declarando a inexistência da relação jurídica pela ocorrência da decadência.[133]

Outros julgados da Corte sobre o tema também são nesse sentido, veja-se:

[133] BRASIL. Superior Tribunal de Justiça. REsp nº 332.693/SP. Relatora: ministra Eliana Calmon. Julgado em 3 de setembro de 2002. *Informativo STJ*, n. 145, 2-6 set. 2002.

TRIBUTÁRIO E PROCESSUAL CIVIL. ICMS. EMBARGOS À EXECUÇÃO FISCAL. CORREÇÃO MONETÁRIA. UFESP. IPC-FIPE. LEGALIDADE. OBSERVÂNCIA DOS PERCENTUAIS FIXADOS PELO GOVERNO FEDERAL. MATÉRIA CONSTITUCIONAL. MEDIDA LIMINAR QUE SUSPENDE A EXIGIBILIDADE DO CRÉDITO. LANÇAMENTO. POSSIBILIDADE.

1. É pacífica a jurisprudência do STJ no sentido da aplicabilidade da UFESP para corrigir créditos e débitos fiscais no Estado de São Paulo, bem assim sua atualização monetária pelo IPC-FIPE.

2. A questão relativa à competência dos Estados para fixar índices de correção de créditos fiscais em percentuais superiores aos fixados pela União tem sido apreciada pelo STF à luz da interpretação do art. 22, II e VI, da Constituição Federal. Por conseguinte, é inviável o exame, em Recurso Especial, da matéria concernente à impossibilidade de aplicação da variação da UFESP em montante superior ao da UFIR, no período entre 1º a 25 de agosto de 1994, sob pena de invasão da competência do Pretório Excelso.

3. *A concessão de medida liminar em Mandado de Segurança impede a exigibilidade do crédito tributário, contudo não obsta a Fazenda Pública de proceder ao lançamento para prevenir a decadência.*

Precedentes do STJ.

4. No caso sob exame, o Tribunal *a quo* assentou que a medida liminar fora concedida para que a agravante não fosse autuada por falta de recolhimento da diferença do ICMS decorrente da correção monetária; e a autuação não foi feita. Desse modo, a análise da questão relativa à nulidade da CDA, decorrente da exigência do crédito durante a vigência de liminar que suspende a cobrança da dívida, demandaria revolvimento de matéria de

prova, o que é inadmissível na estreita via do Recurso Especial, ante o óbice da Súmula 7/STJ.

5. Agravo Regimental não provido.[134]

TRIBUTÁRIO – IOF – DECADÊNCIA – TERMO INICIAL – FATO GERADOR – DRAWBACK – SUSPENSÃO DA EXIGIBILIDADE – IRRELEVÂNCIA PARA O EXERCÍCIO DO DIREITO POTESTATIVO AO LANÇAMENTO.

1. O IOF não é tributo inerente à atividade de importação/exportação e não integra, em regra, o Termo de Compromisso, forma de constituição do crédito tributário prevista na legislação aduaneira.

2. O fato gerador do IOF na operação de câmbio é a sua efetivação pela entrega de moeda nacional ou estrangeira, ou de documento que a represente, ou sua colocação à disposição do interessado em montante equivalente à moeda estrangeira ou nacional entregue ou posta à disposição por este, nos termos do art. 63, II, do CTN.

3. *A decadência, direito potestativo, não se interrompe, nem se suspende, de modo que o regime aduaneiro de* drawback *é irrelevante na fixação do termo inicial do prazo para a constituição do crédito tributário.*

4. Recurso especial provido.[135]

Por outro lado, só se pode falar em prazo decadencial até a notificação do lançamento, que é sua condição de eficácia. Com efeito, o prazo decadencial corre durante o procedimento (se este existir) do lançamento, até a notificação válida do contribuinte,

[134] BRASIL. Superior Tribunal de Justiça. AgRg no REsp nº 659.181/SP. Relator: ministro Herman Benjamin. Segunda Turma. Julgamento em 16 de abril de 2009. *DJe*, 6 maio 2009, grifo nosso.

[135] BRASIL. Superior Tribunal de Justiça. REsp nº 1.006.535 (2007/0272613-3). Relatora: ministra Eliana Calmon. Segunda Turma. Julgamento em 3 de fevereiro de 2009. *DJe*, 18 fev. 2009, grifo nosso.

na forma como preconizada pela lei do ente político que detém a competência para instituir o tributo.

A decadência no caso das contribuições para a seguridade social

O art. 45 da Lei nº 8.212/1991 estipulava um prazo decadencial de 10 anos para a realização do lançamento das contribuições para financiamento da seguridade social.

Ocorre que, com base também no entendimento do STJ sobre a matéria, em 2008 o STF acolheu a tese de inconstitucionalidade desse dispositivo com base no entendimento de violação à reserva constitucional de lei complementar para dispor sobre prescrição e decadência, nos termos do art. 146, III, "b", da CRFB.

Nesse sentido, foi editada a Súmula Vinculante nº 8: "*São inconstitucionais o parágrafo único do art. 5º do Decreto-lei nº 1.599/1977 e os arts. 45 e 46 da Lei nº 8.212/1991*" (grifo nosso).

Os efeitos temporais do enunciado foram modulados de forma que os sujeitos passivos que pagaram as contribuições sem contestá-las ou sem posteriormente formularem pedidos de restituição antes da edição da Súmula Vinculante nº 8 não mais poderão formulá-los.

A prescrição em matéria tributária

Opera-se a prescrição quando a Fazenda Pública não propõe, no prazo legalmente estipulado, a ação de execução fiscal para obter a satisfação coativa do crédito tributário.

Segundo o art. 174 do CTN, o prazo prescricional é de cinco anos, contados da data da constituição definitiva do crédito tributário.

Conforme bem leciona Hugo de Brito Machado:[136]

> Dizer que a ação para cobrança do crédito tributário prescreve em cinco anos significa dizer que a Fazenda Pública tem o prazo de cinco anos para cobrar judicialmente, para propor a execução do crédito tributário. Tal prazo é contado da constituição definitiva do crédito, isto é, da data em que não mais admita a Fazenda Pública discutir a respeito, em procedimento administrativo. Se não efetua a cobrança no prazo de cinco anos, não poderá mais fazê-lo.

Quando o sujeito passivo é notificado do lançamento, o crédito tributário está constituído, não havendo mais que se falar em decadência (salvo se o lançamento vier a ser anulado). Como o fisco exerceu seu direito, não mais pode ser atingido por um instituto que faz perecer os direitos dos inertes.

Em cumprimento ao princípio da ampla defesa e do contraditório, após ser notificado do lançamento do crédito tributário, o contribuinte pode impugnar aquele lançamento. Portanto, com a notificação, o crédito está constituído, mas não o está definitivamente, uma vez que, conforme disposto no art. 145, I, do CTN, após a notificação do contribuinte pode haver uma alteração do próprio lançamento realizado.

Não havendo pagamento ou impugnação, ou havendo, está concluído o processo administrativo fiscal e, ultrapassado o prazo para pagamento do crédito tributário sem que o mesmo tenha sido realizado, começa a fluir o prazo prescricional.

A Lei nº 8.212/1991 tentou violar o prazo estabelecido no CTN, pois seu art. 46, que afirmava que "o direito de cobrar os créditos da Seguridade Social, constituídos na forma do artigo

[136] MACHADO, Hugo de Brito. *Curso de direito tributário*, 2009, op. cit., p. 246.

anterior, prescreve em 10 (dez) anos", entrava em pleno conflito com o art. 174 do CTN. Nesse contexto, conforme citado no tópico que tratou da decadência, com a edição da Súmula Vinculante nº 8 do STF, tem-se definitivamente afastada do ordenamento jurídico brasileiro a aplicabilidade do prazo cobrado, previsto pelo citado dispositivo legal. Com base em tal entendimento, posteriormente os arts. 45 e 46 da Lei nº 8.212/1991 foram revogados pela edição da LC nº 128/2008.

Também com base nesse entendimento, com relação à reserva de lei complementar, o STF declarou a inconstitucionalidade de dispositivo da Constituição do estado de Santa Catarina que determinava o arquivamento de processo administrativo tributário sem a possibilidade de revisão ou renovação do lançamento quando as impugnações e os recursos eventualmente interpostos pelos contribuintes não fossem julgados dentro do prazo determinado por lei (até a promulgação da lei reclamada pelo dispositivo, seria aplicado o prazo de 12 meses, previsto no ADCT). O STF entendeu que a norma estatuía caso de prescrição intercorrente no curso do processo administrativo fiscal, sem qualquer previsão no CTN ou em outra lei complementar nacional, sendo, por conseguinte, inconstitucional.[137]

Leandro Paulsen[138] faz abordagem interessante quanto à possibilidade de reconhecimento de ofício da prescrição, no sentido de que a prescrição em matéria tributária atinge o fundo de direito, equiparando-se à decadência quanto a tal efeito, de modo que enseja o reconhecimento de ofício pelo juiz em execução fiscal, pois não há mais crédito a executar.

Nesse sentido, após entendimento diverso do STJ, com o advento da Lei nº 11.051/2004, que acrescentou o § 4º ao art.

[137] BRASIL. Supremo Tribunal Federal. ADI nº 124/SC. Relator: ministro Joaquim Barbosa. Tribunal Pleno. Julgamento: 1º de agosto de 2008. *DJe*, 17 abr. 2009.

[138] PAULSEN, Leandro. *Direito tributário:* Constituição e Código Tributário à luz da doutrina e da jurisprudência. 9. ed. rev. e atual. Porto Alegre: Livraria do Advogado, 2007.

40 da Lei nº 6.830/1980, tornou-se possível a decretação de ofício da prescrição pelo juiz, mas somente nos casos de prescrição intercorrente, após ouvido o representante da Fazenda Pública. Em seguida, foi editada a Lei nº 11.280/2006, com vigência a partir de 17 de maio de 2006, que altera o art. 219, § 5º, do CPC, com a seguinte redação: "O juiz pronunciará, de ofício, a prescrição". Após a vigência desta, autoriza-se a decretação *ex officio* da execução, ainda que sem a oitiva do representante da Fazenda. Tratando-se de norma processual, tem aplicação imediata, alcançando, inclusive, os processos em curso, cabendo ao juiz da execução decidir a respeito de sua incidência.

Interrupção do prazo prescricional

Existem situações estritamente definidas em lei em que o prazo prescricional é integralmente devolvido à pessoa que seria prejudicada pela sua consumação. Trata-se dos casos de interrupção do prazo prescricional, normalmente configurando hipóteses em que o interessado age na busca da satisfação do seu direito, demonstrando não estar em situação de inércia.

Os casos de interrupção do prazo prescricional estão enumerados no art. 174 do CTN da seguinte forma:

> Art. 174. A ação para a cobrança do crédito tributário prescreve em cinco anos, contados da data da sua constituição definitiva.
> Parágrafo único. A prescrição se interrompe:
> I - pelo despacho do juiz que ordenar a citação em execução fiscal; (Redação dada pela Lcp nº 118, de 2005)
> II - pelo protesto judicial;
> III - por qualquer ato judicial que constitua em mora o devedor;
> IV - por qualquer ato inequívoco, ainda que extrajudicial, que importe em reconhecimento do débito pelo devedor.

Nos dois primeiros casos, a interrupção ocorre em decorrência de ato praticado em juízo. Somente na última hipótese (confissão de dívida) com a expressão "extrajudicial" encontra-se a possibilidade de interrupção na esfera administrativa. Essa última possibilidade também merece atenção por ser a única que decorre de iniciativa do próprio devedor, pois, conforme pode ser verificado, nos demais casos a interrupção decorre de ato em que o credor manifesta sua intenção de receber o crédito, demonstrando não estar inerte.

O despacho do juiz que ordenar a citação em execução fiscal

O dispositivo que hoje prevê a interrupção do prazo prescricional "pelo despacho do juiz que ordenar a citação em execução fiscal" tem sua atual redação dada pela LC nº 118/2005. Até então, o CTN previa que a interrupção ocorreria "pela citação pessoal feita ao devedor".

A redação anterior criava um conflito com o art. 8º, § 2º, da Lei nº 6.830/1980 (Lei de Execuções Fiscais – LEF), cuja redação afirmava que "o despacho do Juiz, que ordenar a citação interrompe a prescrição". O STJ entendia que, tratando-se de execuções fiscais da dívida ativa de natureza tributária, o dispositivo não poderia ser aplicado, uma vez que a LEF é ordinária e, quando de sua edição (1980), o CTN já possuía *status* de lei complementar.[139]

A prevalência da redação anterior do CTN possibilitava ao devedor fugir à citação pessoal, de forma a manter artificiosamente a fluência do prazo prescricional. Tal situação era muito injusta para a Fazenda Pública, que, mesmo agindo (propondo

[139] BRASIL. Superior Tribunal de Justiça. AgRg em REsp nº 323.442/SP. Relator: ministro José Delgado. Julgamento em 16 de agosto de 2001. *DJe*, 24 set. 2001.

a ação de execução fiscal), poderia ver seu direito perecer por algo que lhe era alheio (a fuga do devedor).

Com a alteração, o CTN e a LEF se tornaram compatíveis, de forma a não haver mais qualquer dúvida sobre a citada regra de interrupção.

O protesto judicial e a constituição em mora

O protesto judicial e a adoção de atos que constituam em mora o devedor não são, na prática, meios utilizados pela Fazenda Pública para manifestar seu interesse em receber o montante objeto do lançamento. A medida tomada no caso de inadimplência é logo o ajuizamento da ação de execução fiscal.

É importante ressaltar, contudo, que qualquer medida judicial adotada pelo credor, demonstrando que não está inerte e que deseja receber o débito, constituirá em mora o devedor, restituindo ao credor o prazo prescricional na sua integralidade. Estão incluídas nessa regra, além dos protestos judiciais (CTN, art. 174, II), as interpelações e notificações judiciais, bem como os arrestos e demais medidas cautelares.

A confissão de dívida

Conforme anteriormente citado, essa quarta possibilidade, prevista no art. 174, IV, do CTN, possui duas peculiaridades importantes: é a única que pode ocorrer extrajudicialmente e a única que pode se verificar por iniciativa do credor.

Os casos mais comuns de ocorrência dessa possibilidade se dão quando de pedido de parcelamento e do pedido de compensação de débitos, pois quem faz tais pedidos demonstra concordar com a existência do débito, de forma que, mesmo sem que o credor envide esforços para sua satisfação, terá o prazo integralmente restituído.

Ressalte-se que, com a realização do pedido de parcelamento de débito, ocorre a interrupção do prazo prescricional; com o deferimento do pedido, a exigibilidade do crédito fica suspensa, o que, conforme será visto mais adiante, suspende também o prazo de prescrição. Assim, a Fazenda Pública, além de contar com a devolução integral do prazo (decorrente da interrupção), com o deferimento do pedido também é beneficiada com a paralisação da fluência do prazo que lhe foi devolvido. Na prática, somente na hipótese de descumprimento do parcelamento, o prazo prescricional volta a fluir, tendo como novo termo inicial o dia em que o devedor deixar de adimplir o acordo celebrado (Súmula nº 248 do extinto TRF).

Suspensão do prazo prescricional

Nos casos de suspensão, o prazo prescricional fica sem fluir durante o tempo em que durar a respectiva causa e, cessada esta, volta ao seu curso apenas pelo que lhe faltava.

Assim, se um prazo de cinco anos flui até atingir três anos e é interrompido, o mesmo volta imediatamente ao seu curso pelo total, de forma que restarão ao interessado os mesmos cinco anos iniciais. Se houver suspensão no final do terceiro ano, o prazo para de fluir e, cessada a causa suspensiva, volta ao seu curso pelos dois anos restantes.

O CTN não prevê expressamente as hipóteses de suspensão da fluência do prazo prescricional. Entretanto, conforme já foi estudado, em face da regra prevista no parágrafo único do art. 155 do referido diploma legal, durante o tempo decorrido entre a concessão de moratória em caráter individual obtida de maneira fraudulenta e sua revogação (o correto seria anulação), não corre a prescrição. É lícito afirmar, portanto, que ocorreu a suspensão do prazo prescricional no período.

Assim, a regra do art. 155, parágrafo único, é aplicável também ao parcelamento, à remissão, à isenção e à anistia obtidos em caráter individual com base em procedimento fraudulento. Assim, ocorre a suspensão do prazo prescricional em todos esses casos.

Além dessas hipóteses, tem-se entendido que, em todos os casos em que a exigibilidade do crédito tributário está suspensa (CTN, art. 151), também estará suspenso o respectivo prazo prescricional. Esse raciocínio decorre do simples fato de que a prescrição não pode punir o credor que não age porque está legalmente impedido de fazê-lo. Ora, não se pode continuar a contagem de um prazo para que a Fazenda Pública tome uma providência que está legalmente proibida de tomar (promover ação de execução fiscal).

O art. 2º, § 3º, da Lei nº 6.830/1980 (LEF) prevê que a inscrição do crédito tributário em dívida ativa "suspenderá a prescrição, para todos os efeitos de direito, por 180 dias, ou até a distribuição da execução fiscal, se esta ocorrer antes de findo aquele prazo".

Assim, se a Fazenda Pública, poucos dias antes da consumação da prescrição, inscrever o débito na dívida ativa (providência necessária à execução), terá bastante tempo disponível para evitar a consumação do prazo. Isso porque a Fazenda passará a ter um acréscimo de 180 dias no tempo disponível para ajuizar a ação. Com a distribuição da execução fiscal, o prazo voltará a fluir, mas, logo a seguir, com o despacho do juiz ordenando a citação, haverá a interrupção prevista no art. 174 do CTN, de forma que o prazo de cinco anos será integralmente restituído.

No âmbito do STJ, contudo, tem-se entendido que a LEF não poderia estipular causa de suspensão do prazo prescricional não prevista no CTN, de forma que a previsão não poderia ser aplicada para as execuções fiscais da dívida ativa de natureza tributária.[140]

Por fim, a LEF, em seu art. 40, trouxe mais um caso de suspensão do prazo prescricional. Veja-se:

> Art. 40. O Juiz suspenderá o curso da execução, enquanto não for localizado o devedor ou encontrados bens sobre os quais possa recair a penhora, e, nesses casos, não correrá o prazo de prescrição.
> § 1º. Suspenso o curso da execução, será aberta vista dos autos ao representante judicial da Fazenda Pública.
> § 2º. Decorrido o prazo máximo de 1 (um) ano, sem que seja localizado o devedor ou encontrados bens penhoráveis, o Juiz ordenará o arquivamento dos autos.
> § 3º. Encontrados que sejam, a qualquer tempo, o devedor ou os bens, serão desarquivados os autos para prosseguimento da execução.
> § 4º. Se da decisão que ordenar o arquivamento tiver decorrido o prazo prescricional, o juiz, depois de ouvida a Fazenda Pública, poderá, de ofício, reconhecer a prescrição intercorrente e decretá-la de imediato. (Incluído pela Lei nº 11.051, de 2004)
> § 5º. A manifestação prévia da Fazenda Pública prevista no § 4º deste artigo será dispensada no caso de cobranças judiciais cujo valor seja inferior ao mínimo fixado por ato do Ministro de Estado da Fazenda. (Incluído pela Lei nº 11.960, de 2009)

Como o § 3º estabelece que, se os bens forem encontrados "a qualquer tempo", os autos serão desarquivados para prosseguimento da execução, as fazendas públicas defendiam que,

[140] BRASIL. Superior Tribunal de Justiça. REsp nº 249.262/DF. Relator: ministro José Delgado. Primeira Turma. Julgamento em 18 de maio de 2000. *DJ*, 19 jun. 2000.

na situação, o prazo prescricional estaria suspenso por prazo indefinido. Se a tese fosse adotada, estaria institucionalizado um inusitado caso de imprescritibilidade em matéria tributária.

Todavia, novamente mantendo sua coerência com relação à matéria de prescrição, o STJ tratou de afastar a tese fiscal, conforme se depreende do trecho do acórdão proferido nos autos do AgREsp nº 323.442/SP:

> [...] o art. 40 da Lei 6.830/80, nos termos em que foi admitido em nosso ordenamento jurídico, não tem prevalência. A sua aplicação há de sofrer os limites impostos pelo art. 174, do Código Tributário Nacional. 4. Repugna aos princípios informadores do nosso sistema tributário a prescrição indefinida. 5. Após o decurso de determinado tempo sem promoção da parte interessada, deve-se estabilizar o conflito, pela via de prescrição, impondo segurança jurídica aos litigantes. 6. Os casos de interrupção do prazo prescricional estão previstos no art. 174, do CTN, nele não incluídos os do art. 40 da Lei 6.830/80. Há de ser sempre lembrado que o art. 174 do CTN tem natureza de Lei Complementar.[141]

Após a introdução de mais um parágrafo no art. 40 da Lei nº 8.630/1980, pela Lei nº 11.501/2004, essa discussão restou sedimentada, para acabar com qualquer pretensão no sentido de entender que a regra prevista no § 4º do art. 40 cria caso de imprescritibilidade.

Tal dispositivo, portanto, deixa claro que, após a ordem de arquivamento, não mais se pode afirmar que o prazo prescricional ficará suspenso indefinidamente, podendo o magistrado

[141] BRASIL. Superior Tribunal de Justiça. AgREsp nº 323.442/SP. Relator: ministro José Delgado. Julgamento em 16 de agosto de 2001. *DJ*, 24 set. 2001.

decretar de ofício a prescrição intercorrente. O STJ não demorou a analisar a matéria e proferiu seu entendimento no seguinte sentido:

> 1. A jurisprudência do STJ, no período anterior à Lei 11.051/2004, sempre foi no sentido de que a prescrição intercorrente em matéria tributária não podia ser decretada de ofício.
> 2. O atual § 4º, do art. 40, da LEF (Lei 6.830/80), acrescentando pela Lei 11.051/2004, viabiliza a decretação da prescrição intercorrente por iniciativa judicial, com a única condição de ser previamente ouvida a Fazenda Pública, permitindo-lhe arguir eventuais causas suspensivas ou interruptivas do prazo prescricional. Tratando-se de norma de natureza processual, tem aplicação imediata, alcançando inclusive os processos em curso.[142]

Não obstante tal entendimento, há de se perceber que, de uma maneira um tanto quanto incoerente com a tese de que a matéria relativa à prescrição tributária está reservada à lei complementar, admitiu-se como aplicável a suspensão do prazo prescricional por um ano, enquanto estiver suspenso o curso do processo de execução em virtude de não serem encontrados o devedor ou bens sobre os quais possa recair uma penhora.

Com relação à possibilidade de decretação de ofício da prescrição pelo juiz, não há qualquer vício formal na disciplina mediante lei ordinária, pois a regra não definiu prazos prescricionais, sua maneira de contagem ou seus termos iniciais ou finais. Apenas se concedeu ao juiz um poder, numa norma

[142] BRASIL. Superior Tribunal de Justiça. REsp nº 735.220/RS. Relator: ministro Teori Albino Zacascki. Primeira Turma. Julgamento em 3 de maio de 2005. *DJ*, 16 maio 2005.

tipicamente processual civil. Ressalte-se que o art. 53 da Medida Provisória nº 11.941/2009, que posteriormente foi convertida em lei, permitiu o reconhecimento de ofício da prescrição tributária pela própria autoridade administrativa, o que configura uma medida salutar para evitar a propositura de ações de execução fiscal intempestivas e tendentes a gerar prejuízos para a própria Fazenda exequente.

Segundo o STJ, os arts. 40 da Lei nº 6.830/1980 (LEF) e 174 do CTN podem e devem ser interpretados harmonicamente (REsp nº 194.296/SC), o que levou o tribunal a editar a Súmula nº 314: "Em execução fiscal, não localizados bens penhoráveis, suspende-se o processo por um ano, findo o qual se inicia o prazo da prescrição quinquenal intercorrente".

Portanto, considerando todo o exposto, pode-se considerar que, basicamente, suspendem a fluência do prazo prescricional:

- a concessão de moratória, parcelamento, remissão, isenção e anistia em caráter individual e mediante procedimento fraudulento do beneficiário;
- as causas de suspensão da exigibilidade do crédito tributário previstas no art. 151 do CTN;
- a inscrição do crédito tributário em dívida ativa (a suspensão durará 180 dias ou até a distribuição da ação de execução fiscal, se esta ocorrer primeiro);
- a ordem judicial suspendendo o curso da execução fiscal, enquanto não for localizado o devedor ou encontrados bens sobre os quais possa recair a penhora (nesse caso, a suspensão deve durar um ano, após o que o processo será arquivado e o prazo da prescrição intercorrente voltará a fluir do seu início);
- os demais fatos não imputáveis ao exequente que ensejem a suspensão da própria pretensão punitiva.

Prescrição intercorrente

O art. 4º do Decreto nº 70.235/1972 dispõe sobre o prazo para que os atos do processo administrativo sejam executados. Esse prazo, raramente cumprido devido ao acúmulo de serviço, tem relevância para o estabelecimento do termo inicial do prazo da prescrição intercorrente, que decorre da inércia da administração, que, nesse caso, passa a existir em face do descumprimento do prazo. A jurisprudência administrativa não é pacífica a respeito da admissão da possibilidade de ocorrência da prescrição intercorrente no processo administrativo. Inúmeros acórdãos recentes, entretanto, repelem sua admissão sob o fundamento de que estaria suspensa a exigibilidade do crédito tributário, e que, por isso, não teria como ter início o prazo, dado que a Fazenda Pública estaria impedida de acionar o contribuinte para a cobrança judicial.

O argumento contrário a essa tese é que o direito pune com a prescrição justamente a inércia. Havendo paralisação do curso do processo por culpa exclusiva do credor (que no processo administrativo está também na posição de julgador, moroso), não há fundamento para deixar de aplicar a regra do CTN. Aliás, há pronunciamentos judiciais (de tribunais regionais federais) a respeito, favoráveis à ocorrência de prescrição intercorrente no processo administrativo.

É importante ressaltar a jurisprudência sobre o tema:

> PROCESSUAL CIVIL E TRIBUTÁRIO. EXECUÇÃO FISCAL. ARQUIVAMENTO. ÉPOCA ANTERIOR AO ADVENTO DA LEI N. 11.051/04, QUE INTRODUZIU O § 4º AO ART. 40 DA LEI N. 6.830/80. PRESCRIÇÃO INTERCORRENTE. OCORRÊNCIA. APLICAÇÃO CONJUNTA DO § 2º DO REFERIDO DISPOSITIVO COM O ART. 174 DO CTN. PRECEDENTES. 1. Da análise do art. 40 da Lei n. 6.830/80, verifica-se que somente com o

advento da Lei n. 11.051/04, com a introdução do § 4º do referido dispositivo legal, é que restou expressamente consignada na LEF a prescrição intercorrente após a decisão que ordenar o arquivamento do feito. Contudo, antes mesmo da edição da Lei n. 11.051/04 esta Corte já adotada [*sic*] orientação no sentido de que o § 2º da LEF – o qual trata do arquivamento do feito após um ano de suspensão quando não localizado o devedor ou encontrados bens penhoráveis – deve ser interpretado à luz do art. 174 do CTN – que trata da prescrição quinquenal para a cobrança de crédito tributário – a fim de evitar a extensão indeterminada do lapso prescricional. Nesse sentido: REsp 418.160/RO, Rel. Ministro Franciulli Netto, Segunda Turma, DJ 04/04/2005; REsp 613.685/MG, Rel. Ministro Castro Meira, Segunda Turma, DJ 07/03/2005; AgRg no Ag 275.900/RS, Rel. Ministra Eliana Calmon, Segunda Turma, DJ 01/08/2000. 2. Recurso especial não provido.[143]

EXECUÇÃO FISCAL. PRESCRIÇÃO. SÚMULA 314/STJ. NÃO OBSERVÂNCIA PELO JUÍZO "A QUO". OMISSÃO CARACTERIZADA. PRESCRIÇÃO AFASTADA. 1. Os embargos declaratórios são cabíveis para modificar o julgado que se apresentar omisso, contraditório ou obscuro, bem como para sanar possível erro material existente na decisão. 2. Determina a Súmula 314/STJ que "em execução fiscal, não localizados bens penhoráveis, suspende-se o processo por um ano, findo o qual se inicia o prazo da prescrição quinquenal intercorrente". 3. Na hipótese, o acórdão proferido pelo juízo "a quo" não considerou a suspensão do processo por um ano, decorrente da não localização de bens penhoráveis, decretando precocemente a prescrição do

[143] BRASIL. Superior Tribunal de Justiça. REsp nº 1.221.467/AM (2010/0199536-8). Relator: ministro Mauro Campbell Marques. Segunda Turma. Julgamento em 3 de fevereiro de 2011. *DJe*, 14 fev. 2011.

crédito tributário. Embargos acolhidos, com efeitos modificativos, para afastar a prescrição decretada pelo juízo "a quo".[144]

PROCESSUAL CIVIL E TRIBUTÁRIO. VIOLAÇÃO DO ART. 535 DO CPC. NÃO OCORRÊNCIA. PRESCRIÇÃO INTERCORRENTE. ARQUIVAMENTO COM BASE NO ART. 20 DA LEI N. 10.522/02. TRANSCURSO DE CINCO ANOS. INCIDÊNCIA DO ART. 40 DA LEI N. 6.830/80. ORIENTAÇÃO ADOTADA EM SEDE DE RECURSO REPETITIVO. 1. Cumpre afastar a alegada ofensa do art. 535 do CPC, uma vez que o acórdão recorrido se manifestou de forma clara e fundamentada sobre a intimação da Fazenda Nacional, pelo Tribunal de origem, antes da confirmação da sentença que decretou a prescrição intercorrente. 2. A execução fiscal foi arquivada, a pedido da exequente, em razão do disposto no art. 20 da Lei n. 10.522/02, tendo em vista o pequeno valor do débito. Assim, transcorridos mais de cinco anos sem manifestação da exequente, cabível o reconhecimento da prescrição intercorrente, eis que o referido dispositivo legal deve ser interpretado conjuntamente com o art. 40 da Lei n. 6.830/80. Sobre o tema, esta Corte já se manifestou em sede de recurso repetitivo, na forma do art. 543-C, do CPC (REsp 1.102.554/MG, Rel. Ministro Castro Meira, Primeira Seção, DJe 08/06/2009). 3. Recurso especial não provido.[145]

TRIBUTÁRIO. AGRAVO REGIMENTAL NO RECURSO ESPECIAL. EXECUÇÃO FISCAL. ARTIGO 219, 5º, DO CPC. ENTENDIMENTO FIRMADO NO JULGAMENTO DO RESP

[144] BRASIL. Superior Tribunal de Justiça. EDcl no AgRg no Ag nº 1273991(2010/0022340-0). Relator: ministro Humberto Martins. Segunda Turma. Julgamento em 8 fev. 2011. *DJe*, 18 fev. 2011.

[145] BRASIL. Superior Tribunal de Justiça. REsp nº 2010/02059257. Relator: ministro Mauro Campbell Marques. Segunda Turma. Julgamento em 3 de fevereiro de 2011. *DJe*, 14 fev. 2011.

1.100.156/RJ, SUBMETIDO AO RITO DO ARTIGO 543-C DO CPC. 1. No presente caso, o Tribunal regional registrou que, apesar da ausência da data da constituição do crédito tributário, a inscrição em dívida ativa se deu em 24/12/2001, tendo a execução sido ajuizada em 5/2/2002. Ocorre que a citação do devedor foi frustrada, tendo o Juízo singular decretado a prescrição em 10/6/2008. 2. Conforme cediço, após o decurso de determinado tempo, sem promoção da parte interessada, deve-se estabilizar o conflito, pela via da prescrição, impondo segurança jurídica aos litigantes, uma vez que a prescrição indefinida afronta os princípios informadores do sistema tributário. Paralisado o processo por mais de 5 (cinco) anos impõe-se o reconhecimento da prescrição. 3. A prescrição intercorrente é concernente ao reinício da contagem do prazo após a ocorrência de uma causa de interrupção. Na espécie, a sentença foi prolatada sem qualquer hipótese de interrupção do prazo prescricional, ou seja, não se está a tratar de prescrição intercorrente, mas, de prescrição anterior à citação do réu, nos moldes preconizados no artigo 219 do Código de Processo Civil. 4. O Superior Tribunal de Justiça, ao julgar o Resp 1.100.156/RJ, de relatoria do Ministro Teori Albino Zavascki, publicado no DJe de 18/6/2009, submetido ao regime dos recursos repetitivos, consolidou o entendimento de que o artigo 219, § 5º, do Código de Processo Civil permite a decretação de ofício da prescrição antes da propositura da ação, independentemente de intimação da Fazenda Pública. 5. Agravo regimental não provido.[146]

Cumpre ressaltar o que dispõe a Súmula nº 314 do STJ: "Em execução fiscal, não localizados bens penhoráveis, suspende-se o

[146] BRASIL. Superior Tribunal de Justiça. AgRg no REsp nº 1.210.519/RS (2010/0153446-1). Relator: ministro Benedito Gonçalves. Primeira Turma. Julgamento em 3 de fevereiro de 2011. *DJe*, 10 fev. 2011.

processo por um ano, findo o qual se inicia o prazo da prescrição quinquenal intercorrente".

E, no STF, há um Recurso Extraordinário que trata da prescrição intercorrente, no qual foi reconhecida da repercussão geral da matéria, que ainda está pendente de julgamento:

> CONSTITUCIONAL. TRIBUTÁRIO – ADMINISTRATIVO-FINANCEIRO. PRESCRIÇÃO INTERCORRENTE. MARCO INICIAL. RESERVA DE LEI COMPLEMENTAR DE NORMAS GERAIS PARA DISPOR SOBRE PRESCRIÇÃO. SUPREMACIA DAS DISPOSIÇÕES DO CÓDIGO TRIBUTÁRIO NACIONAL POR FORÇA DA CONSTITUIÇÃO. ART. 173 DO CÓDIGO TRIBUTÁRIO NACIONAL. ART. 40, § 4º DA LEI 6.830/1980 (REDAÇÃO DA LEI 11.051/2004). ART. 146, III, B DA CONSTITUIÇÃO. Possui repercussão geral a discussão sobre o marco inicial da contagem do prazo de que dispõe a Fazenda Pública para localizar bens do executado, nos termos do art. 40, § 4º, da Lei 6.830/1980.[147]

Ressalte-se que, conforme visto, o art. 169 do CTN fixa em dois anos o prazo para ser proposta a ação visando à repetição do indébito tributário ou sua compensação, requerendo a anulação do ato denegatório proferido pela administração. Dessa forma, escoado esse prazo, desde que tenha o contribuinte optado pelo requerimento na forma do art. 168 do CTN, ocorre a prescrição do direito à repetição do indébito, não sendo admissível o acesso ao Poder Judiciário para o mesmo fim. Nesse ponto é importante citar as súmulas nº 85 do STJ e nº 443 do STF, já abordadas no tópico relacionado à LC nº 118/2005.

[147] BRASIL. Supremo Tribunal Federal. RE nº 636.562-RG/SC. Relator: ministro Joaquim Barbosa. Julgamento em 22 de abril de 2011. *DJe*, 1º dez. 2011.

Questões de automonitoramento

1) Após ler este capítulo, você é capaz de resumir o caso gerador do capítulo 8, identificando as partes envolvidas, os problemas atinentes e as soluções cabíveis?
2) Qual a diferença entre a decadência e a prescrição em matéria tributária?
3) É possível suspender ou interromper o prazo decadencial?
4) E quanto ao prazo prescricional, este pode ser suspenso ou interrompido? Em que casos?
5) Pense e descreva, mentalmente, alternativas de solução do caso gerador do capítulo 8.

5

Exclusão

Roteiro de estudo

Exclusão do crédito tributário

As hipóteses de exclusão do crédito tributário estão previstas no art. 175 do Código Tributário Nacional (CTN):

> Art. 175. Excluem o crédito tributário:
> I - a isenção;
> II - a anistia.
> Parágrafo único. A exclusão do crédito tributário não dispensa o cumprimento das obrigações acessórias dependentes da obrigação principal cujo crédito seja excluído, ou dela consequente.

O significado da expressão "exclusão do crédito tributário", utilizada no CTN, não é questão pacífica em nossa doutrina.

Para Paulo de Barros Carvalho,[148] a exclusão do crédito tributário, em especial a isenção, atinge a norma de incidência tributária, alterando sua estrutura. Por outro prisma, há quem veja o fenômeno da exclusão do crédito tributário tomando como base seu efeito na relação jurídico-tributária estabelecida entre fisco e contribuinte, entendendo, assim, que tal exclusão só ocorre em relação à isenção, pois a norma que prescreve a anistia produzirá efeitos extintivos tão somente em relação à multa.

Como se verifica na ementa do Recurso Repetitivo abaixo transcrita, a exclusão do crédito tributário não dispensa o cumprimento das obrigações acessórias a ele correlacionadas, na forma do art. 175, parágrafo único, do CTN, já exposto.

> PROCESSO CIVIL. RECURSO ESPECIAL REPRESENTATIVO DE CONTROVÉRSIA. ARTIGO 543-C, DO CPC. TRIBUTÁRIO. OPERAÇÃO INTERESTADUAL DE DESLOCAMENTO DE BENS DO ATIVO PERMANENTE OU DE USO E CONSUMO ENTRE ESTABELECIMENTOS DA MESMA INSTITUIÇÃO FINANCEIRA. HIGIDEZ DA OBRIGAÇÃO ACESSÓRIA CONSISTENTE NA EXIGÊNCIA DE NOTA FISCAL DOS BENS. IRRELEVÂNCIA. INEXISTÊNCIA, EM TESE, DE OBRIGAÇÃO PRINCIPAL (NÃO INCIDÊNCIA DE ICMS). FATOR VIABILIZADOR DA FISCALIZAÇÃO TRIBUTÁRIA. ARTIGOS 175, PARÁGRAFO ÚNICO, E 194, DO CTN. ACÓRDÃO FUNDADO EM LEI LOCAL. CONHECIMENTO PARCIAL DO RECURSO ESPECIAL.
>
> 1. O ente federado legiferante pode instituir dever instrumental a ser observado pelas pessoas físicas ou jurídicas, a fim de viabilizar o exercício do poder-dever fiscalizador da Administração

[148] CARVALHO, Paulo de Barros. *Curso de direito tributário*. 19. ed. São Paulo: Saraiva, 2007. p. 515-516.

Tributária, ainda que o sujeito passivo da aludida "obrigação acessória" não seja contribuinte do tributo ou que inexistente, em tese, hipótese de incidência tributária, desde que observados os princípios da razoabilidade e da proporcionalidade ínsitos no ordenamento jurídico.
2. A relação jurídica tributária refere-se não só à obrigação tributária stricto sensu (obrigação tributária principal), como ao conjunto de deveres instrumentais (desprovidos do timbre da patrimonialidade), que a viabilizam.
3. Com efeito, é cediço que, em prol do interesse público da arrecadação e da fiscalização tributária, ao ente federado legiferante atribui-se o direito de instituir obrigações que tenham por objeto prestações, positivas ou negativas, que visem guarnecer o fisco do maior número de informações possíveis acerca do universo das atividades desenvolvidas pelos administrados, o que se depreende da leitura do artigo 113, do CTN, *verbis*:
"Art. 113. A obrigação tributária é principal ou acessória.
§ 1º. A obrigação principal surge com a ocorrência do fato gerador, tem por objeto o pagamento de tributo ou penalidade pecuniária e extingue-se juntamente com o crédito dela decorrente.
§ 2º. A obrigação acessória decorre da legislação tributária e tem por objeto as prestações, positivas ou negativas, nela previstas no interesse da arrecadação ou da fiscalização dos tributos.
§ 3º. A obrigação acessória, pelo simples fato da sua inobservância, converte-se em obrigação principal relativamente à penalidade pecuniária."
4. Abalizada doutrina esclarece que:
"Por sem dúvida que a prestação pecuniária a que alude o art. 3º, do Código, dá uma feição nitidamente patrimonial ao vínculo tributário, pois o dinheiro – pecúnia – é a mais viva forma de manifestação econômica. Esse dado, que salta à evidência, nos autoriza a tratar o laço jurídico, que se instala entre sujeito pretensor e sujeito devedor, como uma autêntica e verdadeira

obrigação, levando-se em conta a ocorrência do fato típico, previsto no descritor da norma. Mas é inaplicável àquelas outras relações, também de índole fiscal, cujo objeto é um fazer ou não fazer, insusceptível de conversão para valores econômicos. Ladeando a obrigação tributária, que realiza os anseios do Estado, enquanto entidade tributante, dispõe a ordem jurídica sobre comportamentos outros, positivos ou negativos, consistentes num fazer ou não fazer, que não se explicam em si mesmos, preordenados que estão a facilitar o conhecimento, o controle e a arrecadação da importância devida como tributo.
Tais relações são conhecidas pela designação imprecisa de obrigações acessórias, nome impróprio, uma vez que não apresentam o elemento caracterizador dos laços obrigacionais, inexistindo nelas prestação passível de transformação em termos pecuniários. São liames concebidos para produzirem o aparecimento de deveres jurídicos, que os súditos do Estado hão de observar, no sentido de imprimir efeitos práticos à percepção dos tributos. É dever de todos prestar informações ao Poder Público, executando certos atos e tomando determinadas providências de interesse geral, para que a disciplina do relacionamento comunitário e a administração da ordem pública ganhem dimensões reais concretas. Nessa direção, o cumprimento de incontáveis deveres é exigido de todas as pessoas, no plano sanitário, urbanístico, agrário, de trânsito, etc., e, também, no que entende com a atividade tributante que o Estado exerce. [...] no território das imposições tributárias, são estipulados inúmeros deveres, que possibilitam o controle, pelo Estado-Administração, sobre a observância do cumprimento das obrigações estatuídas com a decretação dos tributos. Esses deveres são, entre muitos, o de escriturar livros, prestar informações, expedir notas fiscais, fazer declarações, promover levantamentos físicos, econômicos ou financeiros, manter dados e documentos à disposição das autoridades administrativas, aceitar a fiscalização

periódica de suas atividades, tudo com o objeto de propiciar ao ente que tributa a verificação do adequado cumprimento da obrigação tributária.

[...] Ele (Estado) pretende ver atos devidamente formalizados, para que possa saber da existência de liame obrigacional que brota com o acontecimento fáctico, previsto na hipótese da norma. Encarados como providências instrumentais ou como a imposição de formalidades, tais deveres representam o meio de o Poder Público controlar o fiel cumprimento da prestação tributária, finalidade essencial na plataforma da instituição do tributo" (Paulo de Barros Carvalho, in "Curso de Direito Tributário", 20ª ed., Ed. Saraiva, São Paulo, 2008, págs. 319/322)

5. Os deveres instrumentais, previstos na legislação tributária, ostentam caráter autônomo em relação à regra matriz de incidência do tributo, uma vez que vinculam, inclusive, as pessoas físicas ou jurídicas que gozem de imunidade ou outro benefício fiscal, *ex vi* dos artigos 175, parágrafo único, e 194, parágrafo único, do CTN, *verbis*:

"Art. 175. Excluem o crédito tributário:

I - a isenção;

II - a anistia.

Parágrafo único. A exclusão do crédito tributário não dispensa o cumprimento das obrigações acessórias dependentes da obrigação principal cujo crédito seja excluído, ou dela consequente.

[...]

Art. 194. A legislação tributária, observado o disposto nesta Lei, regulará, em caráter geral, ou especificamente em função da natureza do tributo de que se tratar, a competência e os poderes das autoridades administrativas em matéria de fiscalização da sua aplicação.

Parágrafo único. A legislação a que se refere este artigo aplica-se às pessoas naturais ou jurídicas, contribuintes ou não, inclusive às que gozem de imunidade tributária ou de isenção de caráter pessoal."

6. Destarte, o ente federado competente para instituição de determinado tributo pode estabelecer deveres instrumentais a serem cumpridos até mesmo por não contribuintes, desde que constituam instrumento relevante para o pleno exercício do poder-dever fiscalizador da Administração Pública Tributária, assecuratório do interesse público na arrecadação.
7. *In casu*: (i) releva-se [*sic*] incontroverso nos autos que o Estado da Paraíba, mediante norma inserta no RICMS, instituiu o dever instrumental consistente na exigência de nota fiscal para circulação de bens do ativo imobilizado e de material de uso e consumo entre estabelecimentos de uma mesma instituição financeira; e (ii) o Fisco Estadual lavrou autos de infração em face da instituição financeira, sob o fundamento de que os bens do ativo imobilizado e de uso e consumo (deslocados da matriz localizada em São Paulo para a filial localizada na Paraíba) encontravam-se acompanhados apenas de simples notas de remessa, elaboradas unilateralmente pela pessoa jurídica.
8. Deveras, é certo que: (i) "o deslocamento de bens ou mercadorias entre estabelecimentos de uma mesma empresa, por si, não se subsume a hipótese de incidência do ICMS", máxime em se tratando de remessa de bens de ativo imobilizado, "porquanto, para a ocorrência do fato imponível é imprescindível a circulação jurídica da mercadoria com a transferência da propriedade" (Precedente da Primeira Seção submetido ao rito do artigo 543-C, do CPC: REsp 1.125.133/SP, Rel. Ministro Luiz Fux, julgado em 25.08.2010, DJe 10.09.2010), *ratio* igualmente aplicável ao deslocamento de bens de uso e consumo; e (ii) o artigo 122, do CTN, determina que "sujeito passivo da obrigação acessória é a pessoa obrigada às prestações que constituam o seu objeto".
9. Nada obstante, subsiste o dever instrumental imposto pelo Fisco Estadual com o intuito de "levar ao conhecimento da Administração (curadora do interesse público) informações que lhe permitam apurar o surgimento (no passado e no presente) de

fatos jurídicos tributários, a ocorrência de eventos que tenham o condão de suspender a exigibilidade do crédito tributário, além da extinção da obrigação tributária" (Maurício Zockun, in "Regime Jurídico da Obrigação Tributária Acessória", Ed. Malheiros, São Paulo, 2005. pág. 134).
10. Isto porque, ainda que, em tese, o deslocamento de bens do ativo imobilizado e de material de uso e consumo entre estabelecimentos de uma mesma instituição financeira não configure hipótese de incidência do ICMS, compete ao Fisco Estadual averiguar a veracidade da aludida operação, sobressaindo a razoabilidade e proporcionalidade da norma jurídica que tão somente exige que os bens da pessoa jurídica sejam acompanhados das respectivas notas fiscais.
11. Consequentemente, não merece reforma o acórdão regional, tendo em vista a legalidade da autuação do contribuinte por proceder à remessa de bens (da matriz localizada em São Paulo para a filial da Paraíba) desacompanhados do documento fiscal pertinente.
12. Outrossim, forçoso destacar a incognoscibilidade da insurgência especial sob enfoque que demande a análise da validade da legislação local (Súmula 280/STF).
13. Recurso especial parcialmente conhecido e, nesta parte, desprovido. Acórdão submetido ao regime do artigo 543-C, do CPC, e da Resolução STJ 08/2008.[149]

Questiona-se, ainda: (1) se a exclusão obstaria a constituição do crédito tributário, cuja cobrança ficará prejudicada em razão da causa excludente, ou (2) se importaria em puro afastamento da cobrança do crédito, antes ou depois de sua constituição.

[149] BRASIL. Superior Tribunal de Justiça. REsp nº 1.116.792/PB. Relator: ministro Luiz Fux. Primeira Seção. Julgamento em 24 nov. 2010. *DJe*, 14 dez. 2010.

De acordo com Luiz Emygdio F. da Rosa Jr.:[150]

> Deve-se interpretar a expressão "exclusão do crédito tributário" no sentido de impedimento de sua constituição sendo, portanto, exceção à regra estabelecida no art. 142, parágrafo único do CTN, pelo qual o lançamento é uma atividade administrativa de natureza vinculada e obrigatória sob pena de responsabilidade funcional.

Ressalte-se, ademais, que as hipóteses de exclusão do crédito tributário não constam do rol do art. 156 do CTN, que dispõe acerca da extinção do crédito em análise. Assim, há o questionamento se o referido rol seria ou não taxativo.

De acordo com o STF, em decisão transcrita abaixo, cada Estado-membro possui a liberdade de estabelecer as regras específicas de quitação dos seus próprios créditos tributários:

> Ação direta de inconstitucionalidade: medida cautelar: L. estadual (RS) 11.475, de 28 de abril de 2000, que introduz alterações em leis estaduais (6.537/73 e 9.298/91) que regulam o procedimento fiscal administrativo do Estado e a cobrança judicial de créditos inscritos em dívida ativa da fazenda pública estadual, bem como prevê a dação em pagamento como modalidade de extinção de crédito tributário. I - Extinção de crédito tributário criação de nova modalidade (dação em pagamento) por lei estadual: possibilidade do Estado-membro estabelecer regras específicas de quitação de seus próprios créditos tributários. Alteração do entendimento firmado na ADInMC 1917-DF, 18.12.98, Marco Aurélio, DJ 19.09.2003: consequente ausência de plausibilidade da alegação de ofensa ao art. 146, III, "b", da Constituição

[150] ROSA JR., Luiz Emygdio F. da. *Manual de direito tributário*. 20. ed. Rio de Janeiro: Renovar, 2009. p. 433.

Federal, que reserva à lei complementar o estabelecimento de normas gerais reguladoras dos modos de extinção e suspensão da exigibilidade de crédito tributário. II - Extinção do crédito tributário: moratória e transação: implausibilidade da alegação de ofensa dos artigos 150, § 6º e 155, § 2º, XII, "g", da CF, por não se tratar de favores fiscais. III - Independência e Separação dos Poderes: processo legislativo: iniciativa das leis: competência privativa do Chefe do Executivo. Plausibilidade da alegação de inconstitucionalidade de expressões e dispositivos da lei estadual questionada, de iniciativa parlamentar, que dispõem sobre criação, estruturação e atribuições de órgãos específicos da Administração Pública, criação de cargos e funções públicos e estabelecimento de rotinas e procedimentos administrativos, que são de iniciativa reservada ao Chefe do Poder Executivo (CF, art. 61, § 1º, II, "e"), bem como dos que invadem competência privativa do Chefe do Executivo (CF, art. 84, II). Consequente deferimento da suspensão cautelar da eficácia de expressões e dispositivos da lei questionada. IV - Participação dos Municípios na arrecadação de tributos estaduais. 1. IPVA - Interpretação conforme, sem redução de texto, para suspensão da eficácia da aplicação do § 3º do art. 114, introduzido na L. 6.537/73 pela L. 11.475/2000, com relação ao IPVA, tendo em vista que, ao dispor que "na data da efetivação do respectivo registro no órgão competente deverá ser creditado, à conta dos municípios, 25% do montante do crédito tributário extinto", interfere no sistema constitucional de repartição do produto da arrecadação do IPVA (50%). 2. Deferimento da suspensão cautelar do § 3º do art. 4º da L. 11.475/2000 ("Os títulos recebidos referentes às parcelas pertencentes aos municípios, previstas no inciso IV do art. 158 da Constituição Federal, serão convertidos em moeda corrente nacional e repassados a esses, pela Secretaria da Fazenda, no dia do resgate dos certificados"), pois a norma deixa ao Estado a possibilidade de somente repassar aos Municípios os 25%

> do ICMS só quando do vencimento final do título, que eventualmente pode ter sido negociado. V - Precatório e cessão de crédito tributário: plausibilidade da alegação de ofensa ao art. 100, da CF, pelos arts. 5º e seu parágrafo único e 6º, ambos da lei impugnada, que concedem permissão para pessoas físicas cederem a pessoas jurídicas créditos contra o Estado decorrentes de sentença judicial, bem como admitem a utilização destes precatórios na compensação dos tributos: deferimento da suspensão cautelar dos mencionados preceitos legais. VI - Licitação (CF, art. 37, XXI) – não ofende o dispositivo constitucional o art. 129 da L. 6.537/73 c/ a red. L. 11.475/00 – que autoriza a alienação dos bens objetos de dação por valor nunca inferior ao que foi recebido e prevê a aquisição de tais bens por município, mediante o pagamento em prestações a serem descontadas das quotas de participação do ICMS. VII - Demais dispositivos cuja suspensão cautelar foi indeferida.[151]

Assim, o referido rol não seria taxativo.

Insta destacar, ainda, que devem ser interpretadas de forma literal as leis que dispõem sobre a exclusão do crédito tributário, como previsto no CTN:

> Art. 111. Interpreta-se literalmente a legislação tributária que disponha sobre:
> I - suspensão ou exclusão do crédito tributário;
> II - outorga de isenção;
> III - dispensa do cumprimento de obrigações tributárias acessórias.

A seguir, trataremos separadamente das hipóteses de exclusão do crédito tributário, quais sejam, isenção e anistia, e suas especificidades.

[151] BRASIL. Supremo Tribunal Federal. ADI nº 2.405 MC/RS. Relator: ministro Carlos Britto. Julgamento em 6 de novembro de 2002. *DJ*, 17 fev. 2006.

Isenção

A isenção está regulada nos arts. 175, I (já transcrito), c/c 176 a 179, todos do CTN.

Questiona-se se a isenção é uma não incidência legalmente qualificada ou uma dispensa legal do pagamento do tributo devido.

Na lição de Luiz Emygdio F. da Rosa Jr:[152]

> No conceito clássico, isenção significava a dispensa legal do pagamento de tributo devido, porque ocorria o fato gerador e a relação jurídico-tributária se instaurava, existindo, portanto, obrigação tributária. Essa posição chegou a ser adotada pelo Supremo Tribunal Federal. A corrente doutrinária, moderna e mais coerente, entende que na isenção não há incidência e, em consequência, não se instaura a relação jurídico-tributária, inexiste obrigação tributária e o tributo não é devido. Assim, para os autores que integram esta corrente, a lei tributária contém uma norma impositiva se a situação abstrata prevista vier a ocorrer e a lei isencional contém norma que suspende a eficácia da norma tributante. Se a lei isencional vier a ser revogada, a lei de incidência readquire sua eficácia.
>
> O CTN não resolveu o dissenso doutrinário porque o art. 175, ao prescrever que a isenção exclui o crédito tributário, tal posição tanto pode significar que na isenção não existe a própria obrigação tributária, e por isso o crédito não se constitui, como pode significar que na isenção existe a obrigação tributária, mas que se torna incobrável por ausência de constituição do crédito tributário.

[152] ROSA JR., Luiz Emygdio F. da. *Manual de direito tributário*, 2009, op. cit., p. 433-434.

Luciano Amaro[153] ensina ainda que,

> se o ordenamento jurídico declara a situação não tributável em preceito constitucional, temos a hipótese de imunidade tributária. Se a lei exclui a situação, subtraindo-a da regra de incidência estabelecida sobre o universo de que ela faz parte, temos a isenção.

Insta destacar que, à exceção do ICMS, em que por determinação constitucional deve haver convênios entre os estados e o Distrito Federal para evitar a guerra fiscal (CRFB, art. 155, § 2º, XII, "g", c/c Lei Complementar nº 24/1975), as leis que concedem isenções submetem-se ao princípio da reserva legal (CRFB, art. 150, § 6º, c/c CTN, arts. 97, VI, e 176).

Desse modo, as normas que concedem isenções devem ser interpretadas de forma restritiva/literal, de acordo com o comando dos arts. 177 e 111, I e II, do CTN:

> Art. 111. Interpreta-se literalmente a legislação tributária que disponha sobre:
> I - suspensão ou exclusão do crédito tributário;
> II - outorga de isenção.

> Art. 176. A isenção, ainda quando prevista em contrato, é sempre decorrente de lei que especifique as condições e requisitos exigidos para a sua concessão, os tributos a que se aplica e, sendo caso, o prazo de sua duração.
> Parágrafo único. A isenção pode ser restrita a determinada região do território da entidade tributante, em função de condições a ela peculiares.

[153] AMARO, Luciano. *Direito tributário brasileiro*. 16. ed. São Paulo: Saraiva, 2010. p. 295.

> Art. 177. Salvo disposição de lei em contrário, a isenção não é extensiva:
> I - às taxas e às contribuições de melhoria;
> II - aos tributos instituídos posteriormente à sua concessão.

Vale destacar que cada ente federativo tem poderes para isentar os tributos de sua competência, sendo vedadas as isenções heterônomas, na forma do art. 151, III, da CRFB.

No que se refere à revogação da isenção, dispõe o art. 178 do CTN:

> Art. 178. A isenção, salvo se concedida por prazo certo e em função de determinadas condições, pode ser revogada ou modificada por lei, a qualquer tempo, observado o disposto no inciso III do art. 104.

Verifica-se, assim, que as isenções por prazo indeterminado e não condicionadas podem ser revogadas.

Apesar disso, as condições onerosas geram direito adquirido ao contribuinte, como dispõe a Súmula nº 544 do STF: "Isenções tributárias concedidas sob condição onerosa não podem ser livremente suprimidas".

Já o art. 104, III, do CTN determina:

> Art. 104. Entram em vigor no primeiro dia do exercício seguinte àquele em que ocorra a sua publicação os dispositivos de lei, referentes a impostos sobre o patrimônio ou a renda: [...]
> III - que extinguem ou reduzem isenções, salvo se a lei dispuser de maneira mais favorável ao contribuinte, e observado o disposto no artigo 178.

Outra questão polêmica diz respeito à observância do princípio da anterioridade em caso de revogação de isenção.

Embora o art. 104, III, do CTN disponha sobre a matéria, seu deslinde requer o exame do conceito de isenção.

De acordo com a doutrina mais tradicional, na esteira do pensamento de Rubens Gomes de Sousa,[154] a isenção se traduzia na dispensa legal do pagamento do tributo. Logo, o fato gerador ocorreria, mas a lei dispensaria o pagamento. Para os seguidores dessa corrente, a revogação de isenção não significaria criação de tributo.

Dessa forma, o respeito ao princípio da anterioridade não seria exigido pela Constituição da República, entendimento que foi, inclusive, consagrado pela Súmula nº 615 do STF, e tal princípio somente se aplicaria aos casos de revogação de isenção concedida em relação aos impostos sobre patrimônio e renda, por força do art. 104, III, do CTN.

Deve-se destacar que o entendimento do Tribunal Supremo em relação ao respeito ao princípio da anterioridade não merece prosperar. Isso porque, além de ter afastado a observância do referido princípio nos casos de revogação de isenção, determinou sua aplicação nos termos previstos no art. 104, III, do CTN, o qual, entretanto, não foi recepcionado pela Constituição de 1967, tampouco pela CRFB (1988).

Para justificar esse raciocínio, passamos a recordar a história do art. 104 do CTN. Até a Constituição de 1946, era consagrado expressamente o princípio da anualidade. Porém, valendo-se de uma interpretação patriótica, o STF criou o princípio da anterioridade, nunca antes visto.

Com efeito, a Emenda Constitucional nº 18/1965 constitucionalizou a jurisprudência do STF, acabando com o princí-

[154] SOUSA, Rubens Gomes de. *Compêndio de legislação tributária*. São Paulo: Resenha Tributária, 1975. Uma contundente, mas procedente, crítica à tese de Rubens Gomes de Sousa sobre o conceito de isenção nos é dada por NOVELLI, Flavio Bauer. Anualidade e anterioridade da Constituição de 1988. *Revista de Direito Administrativo*, Rio de Janeiro, n. 179-180, p. 19-50, 1990.

pio da anualidade e positivando o que, hoje, entendemos por anterioridade.

Note-se, entretanto, que a EC nº 18/1965 restringiu a anterioridade (na época ainda chamada de anualidade) aos impostos sobre patrimônio e renda, e essa disciplina foi, então, reproduzida através da previsão do art. 104 do CTN.

Posteriormente, a Constituição de 1967 pôs fim à anterioridade, fazendo ressurgir a antiga anualidade. Assim, a partir do momento em que a Constituição de 1967 deixou de consagrar o princípio da anterioridade, o art. 104 não foi por ela recepcionado, deixando de existir no ordenamento, vez que a função da lei complementar tributária é, entre outras, regular as limitações ao poder de tributar, e não instituir novas limitações.

Com a edição da EC nº 1/1969, tal princípio da anterioridade retorna ao texto constitucional, o que não representa a repristinação do referido art. 104.

Além disso, o art. 150, III, "b", da Constituição de 1988 trata da anterioridade de forma completa e mais ampla do que o CTN, o que igualmente corroboraria o argumento de que o art. 104, III, do CTN não teria sido recepcionado.

Portanto, a discussão não tem como base o art. 104 do CTN. A anterioridade deve ser obedecida com base na Constituição Federal, sendo, pois, irrelevante o disciplinado no art. 104 do CTN para o deslinde da questão.

Ora, para dar cumprimento à regra constitucional do art. 150, III, "b", é preciso voltar ao conceito de isenção, para verificar se a revogação desta se traduz, ou não, em criação de tributo.

Diante disso, prevalece hoje a corrente que entende ser a isenção uma não incidência legalmente qualificada, conforme sustentou José Souto Maior Borges,[155] em sua consagrada obra *Isenções tributárias*.

---

[155] BORGES, José Souto Maior. *Isenções tributárias*. São Paulo: Sugestões Literárias, 1969. p. 109.

Segundo Flávio Bauer Novelli,[156] a relação entre a lei de isenção e a lei de incidência é uma relação de especialidade. No caso, a lei de incidência é a regra geral, que será aplicada a todos os casos; a lei de isenção, por sua vez, é a lei especial, cuja aplicação se dará em determinado caso por ela autorizado.

Ou seja, a lei específica deve prevalecer sobre a lei geral, o que caracteriza o fenômeno da derrogação, e não da revogação.

Logo, para essa corrente, o fato gerador não ocorrerá na isenção. Revogada a isenção, o tributo passa a existir novamente e, como consequência, a incidir. Portanto, a lei que revoga a isenção está criando um novo tributo (que deixou de existir quando a lei específica determinou sua não incidência e derrogou a norma geral de incidência).

Ante o exposto, por imposição constitucional do art. 150, III, "b", a anterioridade deve ser observada em qualquer caso de revogação de isenção.

Insta ressaltar a posição do STF, explicitada no Informativo nº 514 do aludido tribunal, acerca da redução e da extinção de descontos no pagamento de IPVA, instituídas pela Lei Estadual nº 15.747/2007 do Paraná, que, em seu art. 3º, determinou que a lei entraria em vigor na data de sua publicação. No caso em menção, o STF considerou que a aludida norma não viola o princípio da anterioridade tributária, eis que,

> se até mesmo a revogação de isenção não tem sido equiparada pela Corte à instituição ou majoração de tributo, a redução ou extinção de um desconto para pagamento do tributo sob determinadas condições previstas em lei, como o pagamento antecipado em parcela única (à vista), também não o poderia.

[156] NOVELLI, Flávio Bauer. "Anualidade e anterioridade da Constituição de 1988", 1990, op. cit.

Afastou-se, também, a assertiva de que qualquer alteração na forma de pagamento do tributo equivaleria a sua majoração, ainda que de forma indireta, e reportou-se ao entendimento do Supremo de que a modificação do prazo de recolhimento da obrigação tributária não se sujeita ao princípio da anterioridade (Enunciado 669 da Súmula) [...].[157]

No que se refere aos efeitos da concessão da isenção, deve ser observado o disposto no art. 179 do CTN:

> Art. 179. A isenção, quando não concedida em caráter geral, é efetivada, em cada caso, por despacho da autoridade administrativa, em requerimento com o qual o interessado faça prova do preenchimento das condições e do cumprimento dos requisitos previstos em lei ou contrato para concessão.
> § 1º. Tratando-se de tributo lançado por período certo de tempo, o despacho referido neste artigo será renovado antes da expiração de cada período, cessando automaticamente os seus efeitos a partir do primeiro dia do período para o qual o interessado deixar de promover a continuidade do reconhecimento da isenção.
> § 2º. O despacho referido neste artigo não gera direito adquirido, aplicando-se, quando cabível, o disposto no artigo 155.

Deve-se destacar que, à isenção, aplica-se a lei vigente no momento do requerimento. Ademais, a decisão abaixo, proferida pelo STJ, determina que o ato declaratório da concessão retroage à data em que a pessoa reunia os pressupostos legais para a obtenção do benefício:

---

[157] BRASIL. Supremo Tribunal Federal. ADI nº 4.016 MC/PR. Relator: ministro Gilmar Mendes. Julgamento em 1º de agosto de 2008. *DJ*, 24 abr. 2009.

TRIBUTÁRIO. IPVA. ISENÇÃO CONDICIONADA. ATO ADMINISTRATIVO. NATUREZA DECLARATÓRIA. EFEITOS EX TUNC. INEXIGIBILIDADE DO CRÉDITO TRIBUTÁRIO.
1. A concessão de isenção tributária apenas proclama situação preexistente capaz de conceder ao contribuinte o benefício fiscal.
2. O ato declaratório da concessão de isenção tem efeito retroativo à data em que a pessoa reunia os pressupostos legais para o reconhecimento dessa qualidade.
3. A alegação de que o contribuinte não preenche os requisitos à concessão da isenção reveste-se de inovação recursal, bem como se destoa de toda a lógica firmada no processo, que se funda exatamente no efeito – *ex tunc* ou *ex nunc* – em que deve ser acolhido o reconhecimento pela Administração Pública ao preenchimento dos requisitos para o gozo de benefício tributário: isenção de IPVA.
Portanto, o preenchimento dos requisitos foi reconhecido pela Administração Pública. Outrossim, o acolhimento da referida tese, em detrimento do que concluiu a Corte de origem, encontra óbice na Súmula 7 do STJ.
Agravo regimental improvido.[158]

É certo, também, que a isenção tem caráter individual e deve ser comprovado o preenchimento dos requisitos legais exigidos para sua concessão.

Abordados os principais elementos da isenção tributária, passamos a expor as características da anistia.

Anistia

A anistia é regulada pelos arts. 180 a 182 do CTN:

[158] BRASIL. Superior Tribunal de Justiça. AgRg no AREsp nº 145.916/SP. Relator: ministro Humberto Martins. Segunda Turma. Julgamento em 15 de maio de 2012. *DJe*, 21 maio 2012.

Art. 180. A anistia abrange exclusivamente as infrações cometidas anteriormente à vigência da lei que a concede, não se aplicando:
I - aos atos qualificados em lei como crimes ou contravenções e aos que, mesmo sem essa qualificação, sejam praticados com dolo, fraude ou simulação pelo sujeito passivo ou por terceiro em benefício daquele;
II - salvo disposição em contrário, às infrações resultantes de conluio entre duas ou mais pessoas naturais ou jurídicas.

Art. 181. A anistia pode ser concedida:
I - em caráter geral;
II - limitadamente:
a) às infrações da legislação relativa a determinado tributo;
b) às infrações punidas com penalidades pecuniárias até determinado montante, conjugadas ou não com penalidades de outra natureza;
c) a determinada região do território da entidade tributante, em função de condições a ela peculiares;
d) sob condição do pagamento de tributo no prazo fixado pela lei que a conceder, ou cuja fixação seja atribuída pela mesma lei à autoridade administrativa.

Art. 182. A anistia, quando não concedida em caráter geral, é efetivada, em cada caso, por despacho da autoridade administrativa, em requerimento com a qual o interessado faça prova do preenchimento das condições e do cumprimento dos requisitos previstos em lei para sua concessão.
Parágrafo único. O despacho referido neste artigo não gera direito adquirido, aplicando-se, quando cabível, o disposto no artigo 155.

Da leitura dos referidos dispositivos, insta destacar em relação à anistia que: (1) seus efeitos são pretéritos; (2) seu objeto são as infrações ou infrações mais consectários; (3) os efeitos são retroativos desde que comprovado o cumprimento dos requisitos legais para sua concessão; (4) não é aplicável nos casos de crimes, contravenções, dolo, fraude, simulação e conluio.

Para melhor compreensão do tema, necessário se faz diferenciar a anistia da remissão, nos termos apresentados por Leandro Paulsen:[159]

> Anistia é o perdão das infrações à legislação tributária e das respectivas sanções. Não atinge o tributo em si, que persiste. O perdão do tributo ocorre através da remissão, nos termos do art. 172 do CTN.

O mesmo autor[160] indica, ainda, a possibilidade de existência da anistia tácita:

> Pode ser tácita quando uma lei simplesmente deixa de considerar um ato como infração, tendo em vista que, nessas hipóteses, tem incidência o art. 106, II, "a", do CTN, que consagra a retroatividade da lei mais benigna.

Luciano Amaro[161] apresenta os diversos questionamentos levantados pelos dispositivos do CTN que regulam a anistia e a confusão entre seu conceito e o conceito de remissão:

> O Código Tributário Nacional, porém, embaralha magistralmente os dois institutos: primeiro, ele integra, no conceito de crédito tributário, a penalidade pecuniária, mas subordina a existência do crédito (constituição) ao lançamento; depois, co-

---

[159] PAULSEN, Leandro. *Direito tributário*: Constituição e Código Tributário à luz da doutrina e da jurisprudência. 12. ed. rev. e atual. Porto Alegre: Livraria do Advogado, 2010. p. 1218.

[160] Ibid., p. 1218.

[161] AMARO, Luciano. *Direito tributário brasileiro*, 2010, op. cit., p. 481.

loca a anistia como "exclusão do crédito" (que, analogicamente com o tratamento dado à isenção, teria o efeito de impedir o lançamento). Caberiam as seguintes perguntas: se anistia é a "exclusão do crédito" (atuando antes de sua "constituição"), as penalidades já "lançadas" não se considerariam anistiadas, pois dependeriam de uma lei de remissão? Onde ficaria, nesse caso, a isonomia? Ou a lei de anistia, para essa hipótese seria considerada lei de remissão? O perdão do tributo ainda não lançado (que não seria a remissão do crédito tributário pois este ainda não estaria "constituído") seria, porventura, causa de "exclusão do crédito" não arrolada no art. 175? E mais: se a anistia é "exclusão do crédito", não seriam perdoáveis infrações passíveis de outras penalidades que não a pecuniária?

A letra do Código não permite respostas consistentes para essas questões que devem ser resolvidas à luz dos princípios e das técnicas de interpretação e aplicação da lei. Para dar lógica e coerência ao sistema normativo, é necessário aceitar a remissão independentemente de ter havido ou não lançamento. E o mesmo se deve dizer da anistia, que tanto é aplicável às infrações cujas sanções pecuniárias já tenham sido descritas num auto de infração como àquelas que ainda não foram apuradas pelo Fisco, como também àquelas às quais a lei comina sanções não pecuniárias.

É possível, ademais, que seja concedida anistia sobre multa e juros, caso assim disponha a lei concedente, como se verifica no recente precedente do STJ, que se passa a transcrever:

PROCESSUAL CIVIL E TRIBUTÁRIO. ART. 17 DA LEI 9.779/99. ANISTIA DE MULTA E JUROS. INCIDÊNCIA SOBRE OS CRÉDITOS TRIBUTÁRIOS JÁ INSCRITOS EM DÍVIDA ATIVA, EXCETO QUANDO AJUIZADA A EXECUÇÃO FISCAL. EMBARGOS DE DECLARAÇÃO. MULTA. AFASTAMENTO. SÚMULA 98/STJ. HONORÁRIOS. SÚMULA 7/STJ.

1. O art. 17 da Lei 9.779/99 concedeu anistia de juros e multa ao contribuinte ou responsável tributário exonerado do pagamento de tributo ou contribuição em virtude de decisão judicial, com fundamento em inconstitucionalidade de lei, posteriormente declarada constitucional pelo Supremo Tribunal Federal.

2. Essa regra desonerativa alcança os créditos tributários discutidos em demandas judiciais ajuizadas até 31 de dezembro de 1998, mesmo que inscritos em dívida ativa, excetuando-se tão somente aqueles cobrados por meio de execução fiscal, nos termos do art. 17, § 1º, III, da Lei 9.779/99.

3. Não são protelatórios os embargos de declaração opostos com nítido propósito de pré-questionamento. Incidência da Súmula 98/STJ. Afastamento da multa do art. 538, parágrafo único, do CPC.

4. Os embargos de declaração foram opostos com nítido propósito de pré-questionamento, de modo que é imperioso o afastamento da multa, nos termos da Súmula 98/STJ, *verbis*: "Embargos de declaração manifestados com notório propósito de pré-questionamento não têm caráter protelatório".

5. Quando a verba honorária é fixada com base nos aspectos fáticos da causa, para revê-la mostra-se necessária a dilação probatória, providência incompatível com a natureza específica do recurso especial. Incidência da Súmula 7/STJ.

6. Recurso especial conhecido em parte e provido também em parte.[162]

[162] BRASIL. Superior Tribunal de Justiça. REsp nº 1.178.188/MG. Relator: ministro Castro Meira. Segunda Turma. Julgamento em 14 de fevereiro de 2012. *DJe*, 5 mar. 2012.

Questões de automonitoramento

1) Após ler este capítulo, você é capaz de resumir os casos geradores do capítulo 8, identificando as partes envolvidas, os problemas atinentes e as soluções cabíveis?
2) Indique as características básicas da anistia e da isenção.
3) Ao ICMS são aplicáveis as regras de revogação de isenção do CTN?
4) Pense e descreva, mentalmente, alternativas de solução dos casos geradores do capítulo 8.

6

Garantias e privilégios

Roteiro de estudo

Noções preliminares

A intenção do Código Tributário Nacional, ao estabelecer garantias e privilégios ao crédito tributário, foi, na lição de Luciano Amaro,[163]

> guarnecê-lo de normas protetoras que permitam, na eventualidade do Fisco ter que recorrer à execução, evitar certos obstáculos que poderiam frustrar a realização de seu direito. Com esse objetivo, o Código afasta ou excepciona, para fins fiscais, os efeitos legais que normalmente decorreriam de certos institutos do direito privado (impenhorabilidade, por exemplo), define situações de presunção de fraude em certos negócios operados, em dadas situações, pelo devedor tributário e outorga vantagens

[163] AMARO, Luciano. *Direito tributário brasileiro*. 16. ed. São Paulo: Saraiva, 2010. p. 498.

> ao credor fiscal, na medida em que ele não se subordina às regras que comandam a realização de créditos de outra natureza.

Destaca-se que, por se tratar de interesse público e em homenagem ao princípio da reserva de lei, não pode a autoridade administrativa dispensar tais garantias, conforme exposto no art. 141 do CTN:

> Art. 141. O crédito tributário regularmente constituído somente se modifica ou extingue, ou tem sua exigibilidade suspensa ou excluída, nos casos previstos nesta Lei, fora dos quais não podem ser dispensadas, sob pena de responsabilidade funcional na forma da lei, a sua efetivação ou as respectivas garantias.

Leciona Luiz Emygdio F. da Rosa Jr.:[164]

> O CTN refere-se às garantias do crédito tributário como gênero, que se divide em duas espécies: privilégios e preferência. Garantia, no sentido comum, é o meio jurídico que visa a acautelar o direito subjetivo do sujeito ativo da obrigação, evitando que ocorra lesão a esse direito caso o sujeito passivo não cumpra a obrigação. Privilégio fiscal é a regalia que a lei confere ao crédito tributário de ser assegurado pela totalidade do patrimônio do sujeito passivo. Preferência fiscal significa a prerrogativa concedida ao crédito tributário para, em concurso de preferências, ser liquidado antes de qualquer outro crédito salvo o trabalhista, o decorrente de acidente de trabalho e os créditos com garantia real.

Assim, resta evidente a importância da matéria aqui tratada não só por envolver as prerrogativas do crédito tributário, mas

[164] ROSA JR., Luiz Emygdio F. da. *Manual de direito tributário*. 20. ed. Rio de Janeiro: Renovar, 2009. p 452.

também a análise jurisprudencial acerca de como tais prerrogativas podem afetar os particulares.

A seguir, os aspectos envolvendo as garantias e privilégios do crédito tributário serão estudados com detalhe.

Abrangência (CTN, art. 183)

Dispõe o art. 183 do CTN:

> Art. 183. *A enumeração das garantias* atribuídas neste Capítulo ao crédito tributário *não exclui outras que sejam expressamente previstas em lei,* em função da natureza ou das características do tributo a que se refiram.
> Parágrafo único. A natureza das garantias atribuídas ao crédito tributário não altera a natureza deste nem a da obrigação tributária a que corresponda [grifos nossos].

Depreende-se, assim, que o *CTN tem um rol exemplificativo de garantias*, podendo as legislações federais, estaduais e municipais estabelecer outras garantias desde que não contrariem as normas do CTN.[165]

Exemplos dessas garantias são o arrolamento de bens, regulado nos arts. 64, 64-A e 65 da Lei nº 9.532/1997,[166] e a medida

---

[165] Ibid., p. 452.

[166] Lei nº 9.532/1997: "Art. 64. A autoridade fiscal competente procederá ao arrolamento de bens e direitos do sujeito passivo sempre que o valor dos créditos tributários de sua responsabilidade for superior a trinta por cento do seu patrimônio conhecido. § 1º. Se o crédito tributário for formalizado contra pessoa física, no arrolamento devem ser identificados, inclusive, os bens e direitos em nome do cônjuge, não gravados com a cláusula de incomunicabilidade. § 2º. Na falta de outros elementos indicativos, considera-se patrimônio conhecido, o valor constante da última declaração de rendimentos apresentada. § 3º. A partir da data da notificação do ato de arrolamento, mediante entrega de cópia do respectivo termo, o proprietário dos bens e direitos arrolados, ao transferi-los, aliená-los ou onerá-los, deve comunicar o fato à unidade do órgão fazendário que jurisdiciona o domicílio tributário do sujeito passivo. § 4º. A alienação, oneração ou transferência, a qualquer título, dos bens e direitos arrolados, sem o cumprimento da formalidade prevista no parágrafo anterior, autoriza o requerimento de medida cautelar fiscal contra o sujeito passivo. § 5º. O termo de arrolamento de que trata este artigo será registrado

cautelar fiscal, prevista na Lei nº 8.397/1992, por meio da qual os entes públicos podem buscar acautelar seus créditos quando os devedores dificultam tal satisfação. Quanto ao parágrafo único do art. 183, muito criticado pela doutrina por ser redundante, leciona Gustavo da Rocha Schmidt:[167]

---

independentemente de pagamento de custas ou emolumentos: I - no competente registro imobiliário, relativamente aos bens imóveis; II - nos órgãos ou entidades, onde, por força de lei, os bens móveis ou direitos sejam registrados ou controlados; III - no Cartório de Títulos e Documentos e Registros Especiais do domicílio tributário do sujeito passivo, relativamente aos demais bens e direitos. § 6º. As certidões de regularidade fiscal expedidas deverão conter informações quanto à existência de arrolamento. § 7º. O disposto neste artigo só se aplica a soma de créditos de valor superior a R$ 500.000,00 (quinhentos mil reais). (Vide Decreto nº 7.573, 2011) § 8º. Liquidado, antes do seu encaminhamento para inscrição em Dívida Ativa, o crédito tributário que tenha motivado o arrolamento, a autoridade competente da Secretaria da Receita Federal comunicará o fato ao registro imobiliário, cartório, órgão ou entidade competente de registro e controle, em que o termo de arrolamento tenha sido registrado, nos termos do § 5º, para que sejam anulados os efeitos do arrolamento. § 9º. Liquidado ou garantido, nos termos da Lei nº 6.830, de 22 de setembro de 1980, o crédito tributário que tenha motivado o arrolamento, após seu encaminhamento para inscrição em Dívida Ativa, a comunicação de que trata o parágrafo anterior será feita pela autoridade competente da Procuradoria da Fazenda Nacional. § 10. Fica o Poder Executivo autorizado a aumentar ou restabelecer o limite de que trata o § 7º deste artigo. (Redação dada pela Lei nº 11.941, de 27 de maio de 2009) Art. 64-A. O arrolamento de que trata o art. 64 recairá sobre bens e direitos suscetíveis de registro público, com prioridade aos imóveis, e em valor suficiente para cobrir o montante do crédito tributário de responsabilidade do sujeito passivo. (Incluído pela Medida Provisória nº 2.158-35, de 2001) Parágrafo único. O arrolamento somente poderá alcançar outros bens e direitos para fins de complementar o valor referido no *caput*. Art. 65. Os arts. 1º e 2º da Lei nº 8.397, de 6 de janeiro de 1992, passam a vigorar com as seguintes alterações: 'Art. 1º. O procedimento cautelar fiscal poderá ser instaurado após a constituição do crédito, inclusive no curso da execução judicial da Dívida Ativa da União, dos Estados, do Distrito Federal, dos Municípios e respectivas autarquias. Parágrafo único. O requerimento da medida cautelar, na hipótese dos incisos V, alínea 'b', e VII, do art. 2º, independe da prévia constituição do crédito tributário. Art. 2º. A medida cautelar fiscal poderá ser requerida contra o sujeito passivo de crédito tributário ou não tributário, quando o devedor: [...] III - caindo em insolvência, aliena ou tenta alienar bens; IV - contrai ou tenta contrair dívidas que comprometam a liquidez do seu patrimônio; V - notificado pela Fazenda Pública para que proceda ao recolhimento do crédito fiscal: a) deixa de pagá-lo no prazo legal, salvo se suspensa sua exigibilidade; b) põe ou tenta por seus bens em nome de terceiros; VI - possui débitos, inscritos ou não em Dívida Ativa, que somados ultrapassem trinta por cento do seu patrimônio conhecido; VII - aliena bens ou direitos sem proceder à devida comunicação ao órgão da Fazenda Pública competente, quando exigível em virtude de lei; VIII - tem sua inscrição no cadastro de contribuintes declarada inapta, pelo órgão fazendário; IX - pratica outros atos que dificultem ou impeçam a satisfação do crédito'."

[167] SCHMIDT, Gustavo da Rocha. Privilégios do crédito tributário. In: GOMES, Marcos Livio; ANTONELLI, Leonardo Pietro (Coord.). *Curso de direito tributário brasileiro*. São Paulo: Quartier Latin, 2010. v. 3, p. 35.

Muito embora a disposição inserta no parágrafo único do art. 183 seja desnecessária, tem algo de salutar, por antecipadamente dissipar quaisquer dúvidas que, naturalmente, poderiam surgir em eventuais conflitos judiciais. É o legislador se antecipando às incertezas próprias das demandas judiciais, em verdadeira interpretação autêntica, como forma de dar maior certeza jurídica à natureza perene do direito tributário.

Cláusulas restritivas (CTN, art. 184)

O art. 184 do CTN demonstra como não se aplicam ao crédito tributário determinadas cláusulas restritivas da penhorabilidade dos mesmos, como as cláusulas de impenhorabilidade e inalienabilidade, bem como os bens gravados por ônus real.

> Art. 184. Sem prejuízo dos privilégios especiais sobre determinados bens, que sejam previstos em lei, responde pelo pagamento do crédito tributário a totalidade dos bens e das rendas, de qualquer origem ou natureza, do sujeito passivo, seu espólio ou sua massa falida, inclusive os gravados por ônus real ou cláusula de inalienabilidade ou impenhorabilidade, seja qual for a data da constituição do ônus ou da cláusula, excetuados unicamente os bens e rendas que a lei declare absolutamente impenhoráveis

Nesse sentido, leciona Luiz Emygdio F. da Rosa Jr.:[168]

> Em primeiro lugar, o dispositivo consagra o privilégio geral fiscal a favor do Estado no tocante à totalidade dos bens e das rendas do sujeito passivo, seu espólio ou sua massa falida, não

[168] ROSA JR., Luiz Emygdio F. da. *Manual de direito tributário*, 2009, op. cit., p. 454.

se referindo assim somente ao contribuinte, mas também ao responsável (CTN art. 121, parágrafo único). Em segundo lugar, o privilégio de que goza o Estado independe da origem ou natureza dos bens e rendas sobre os quais incide. Em terceiro lugar, o mesmo dispositivo estende o seu alcance aos bens e rendas gravados por ônus real ou cláusula de inalienabilidade ou impenhorabilidade, seja qual for a data da constituição do ônus ou da cláusula. Desse modo, as cláusulas contratuais de inalienabilidade e impenhorabilidade não são oponíveis ao Fisco, em razão do referido dispositivo alcançar todos os bens e rendas do sujeito passivo, com a única exceção dos bens considerados absolutamente impenhoráveis por lei, como consta da ressalva constante da parte final o art. 184. Assim, o disposto no inciso I do art. 649 do CPC não prevalece perante o Fisco por força do art. 184 do CTN. O Fisco também não pode penhorar imóvel residencial próprio do casal ou entidade familiar, nos termos da Lei 8009/90, salvo quanto aos impostos, taxas e contribuições devidos em função de imóvel familiar [...].

Luciano Amaro, no que tange aos bens gravados com cláusula de inalienabilidade ou impenhorabilidade, decorrentes do art. 649 do CPC, ensina:[169]

Há, aí, uma antinomia, pois o art. 184 do Código abrange bens gravados com cláusula de inalienabilidade ou impenhorabilidade, abrindo exceção para os absolutamente impenhoráveis, entre os quais a lei inclui os inalienáveis e todos os que possam estar, por ato voluntário, não sujeitos a execução. Isso esvaziaria em boa parte o comando legal, subtraindo à execução do crédito fiscal os bens gravados com inalienabilidade ou impenhorabi-

[169] AMARO, Luciano. *Direito tributário brasileiro*, 2010, op. cit., p. 500.

lidade ainda que por ato voluntário (como na doação ou na transmissão testamentária). Para conciliar os dois dispositivos, a doutrina considera excluídos da ressalva e, portanto, passíveis de responder pela dívida fiscal, os bens cuja inalienabilidade ou impenhorabilidade decorra de disposição de vontade.

Leandro Paulsen[170] destaca que,

> quando do advento do CPC, as normas gerais de direito tributário já estavam sob reserva de lei complementar, de modo que não poderia, o diploma processual civil, lei ordinária, alterar as garantias e privilégios do crédito tributário estabelecidas pelo CTN. A LEF, por sua vez, é lei especial relativamente ao CPC e estabelece expressamente a sujeição dos bens gravados com cláusula de inalienabilidade ou impenhorabilidade ao pagamento da dívida ativa. Assim, o conceito de bens impenhoráveis, na execução fiscal, é mais estreito do que aquele constante no art. 649 do CPC.

Assim, como entendem os ilustres doutrinadores, não resta dúvida acerca da supremacia do CTN sobre o CPC.

Presunção de fraude à execução fiscal (CTN, art. 185) e penhora on-line *(CTN, art. 185-A)*

Antes da Lei Complementar nº 118/2005, a presunção de fraude à execução fiscal só ocorria em relação aos créditos ajuizados, em que já tivesse ocorrido a citação. Entretanto, no texto atual, abaixo transcrito, tal presunção ocorre desde a inscrição do débito em dívida ativa.

---

170 PAULSEN, Leandro. *Direito tributário*: Constituição e Código Tributário à luz da doutrina e da jurisprudência. 12. ed. rev. e atual. Porto Alegre: Livraria do Advogado, 2010. p. 1223.

> Art. 185. Presume-se fraudulenta a alienação ou oneração de bens ou rendas, ou seu começo, por sujeito passivo em débito para com a Fazenda Pública, por crédito tributário regularmente inscrito como dívida ativa.
> Parágrafo único. O disposto neste artigo não se aplica na hipótese de terem sido reservados, pelo devedor, bens ou rendas suficientes ao total pagamento da dívida inscrita.

Acrescenta-se que, caso a execução já esteja garantida e o devedor aliene outro bem, tal alienação não é considerada fraude à execução fiscal, como se depreende do acórdão do STJ abaixo transcrito.

> PROCESSUAL CIVIL. OFENSA AO ART. 535 DO CPC NÃO CONFIGURADA. EXECUÇÃO FISCAL. DÍVIDA GARANTIDA COM PENHORA. ALIENAÇÃO DE OUTRO BEM. PRESUNÇÃO DE FRAUDE INEXISTENTE.
> 1. A solução integral da controvérsia, com fundamento suficiente, não caracteriza ofensa ao art. 535 do CPC.
> 2. *Havendo penhora na Execução, a alienação de outro bem não constrito somente induz à presunção de fraude se o devedor for insolvente.* Precedentes do STJ.
> 3. Recurso Especial não provido.[171]

Ressalta-se que, para existir a fraude, é preciso: (1) que o crédito tributário esteja inscrito em dívida ativa e (2) que alienação tenha reduzido o devedor à insolvência (CTN, art. 185, parágrafo único).

Segundo a jurisprudência do STJ, a *presunção de fraude* é absoluta (não se pode discutir boa-fé), mas a *presunção de redução*

[171] BRASIL. Superior Tribunal de Justiça. REsp nº 1248142/PR. Relator: ministro Herman Benjamin. Segunda Turma. Julgamento em 14 de junho de 2011. *DJe*, 31 ago. 2011, grifo nosso.

do devedor à insolvência é relativa. Veja-se ementa de recurso repetitivo sobre o tema em voga que demonstra a inaplicabilidade da Súmula nº 375 do STJ[172] à execução fiscal:

> PROCESSUAL CIVIL. RECURSO ESPECIAL REPRESENTATIVO DE CONTROVÉRSIA. ART. 543-C, DO CPC. DIREITO TRIBUTÁRIO. EMBARGOS DE TERCEIRO. FRAUDE À EXECUÇÃO FISCAL. ALIENAÇÃO DE BEM POSTERIOR À CITAÇÃO DO DEVEDOR. INEXISTÊNCIA DE REGISTRO NO DEPARTAMENTO DE TRÂNSITO – DETRAN. INEFICÁCIA DO NEGÓCIO JURÍDICO. INSCRIÇÃO EM DÍVIDA ATIVA. ARTIGO 185 DO CTN, COM A REDAÇÃO DADA PELA LC Nº 118/2005. SÚMULA 375/STJ. INAPLICABILIDADE.
> 1. A lei especial prevalece sobre a lei geral (*lex specialis derrogat lex generalis*), por isso que a Súmula nº 375 do Egrégio STJ não se aplica às execuções fiscais.
> 2. O artigo 185, do Código Tributário Nacional – CTN, assentando a presunção de fraude à execução, na sua redação primitiva, dispunha que:
> "Art. 185. Presume-se fraudulenta a alienação ou oneração de bens ou rendas, ou seu começo, por sujeito passivo em débito para com a Fazenda Pública por crédito tributário regularmente inscrito como dívida ativa em fase de execução.
> Parágrafo único. O disposto neste artigo não se aplica na hipótese de terem sido reservados pelo devedor bens ou rendas suficientes ao total pagamento da dívida em fase de execução."
> 3. A Lei Complementar nº 118, de 9 de fevereiro de 2005, alterou o artigo 185, do CTN, que passou a ostentar o seguinte teor:
> "Art. 185. Presume-se fraudulenta a alienação ou oneração de bens ou rendas, ou seu começo, por sujeito passivo em débito

[172] BRASIL. Superior Tribunal de Justiça. Súmula nº 375: o reconhecimento da fraude à execução depende do registro da penhora do bem alienado ou da prova de má-fé do terceiro adquirente.

para com a Fazenda Pública, por crédito tributário regularmente inscrito como dívida ativa.

Parágrafo único. O disposto neste artigo não se aplica na hipótese de terem sido reservados, pelo devedor, bens ou rendas suficientes ao total pagamento da dívida inscrita."

4. Consectariamente, a alienação efetivada antes da entrada em vigor da LC nº 118/2005 (09.06.2005) presumia-se em fraude à execução se o negócio jurídico sucedesse a citação válida do devedor; posteriormente a 09.06.2005, consideram-se fraudulentas as alienações efetuadas pelo devedor fiscal após a inscrição do crédito tributário na dívida ativa.

5. A diferença de tratamento entre a fraude civil e a fraude fiscal justifica-se pelo fato de que, na primeira hipótese, afronta-se interesse privado, ao passo que, na segunda, interesse público, porquanto o recolhimento dos tributos serve à satisfação das necessidades coletivas.

6. É que, consoante à doutrina do tema, a fraude de execução, diversamente da fraude contra credores, opera-se *in re ipsa*, vale dizer, tem caráter absoluto, objetivo, dispensando o *concilium fraudis* (FUX, Luiz. *O novo processo de execução*: o cumprimento da sentença e a execução extrajudicial. 1. ed. Rio de Janeiro: Forense, 2008, p. 95-96 / DINAMARCO, Cândido Rangel. *Execução civil*. 7. ed. São Paulo: Malheiros, 2000, p. 278-282 / MACHADO, Hugo de Brito. *Curso de direito tributário*. 22. ed. São Paulo: Malheiros, 2003, p. 210-211 / AMARO, Luciano. *Direito tributário brasileiro*. 11. ed. São Paulo: Saraiva, 2005. p. 472-473 / BALEEIRO, Aliomar. *Direito tributário Brasileiro*. 10. ed. Rio de Janeiro: Forense, 1996, p. 604).

7. A jurisprudência hodierna da Corte preconiza referido entendimento consoante se colhe abaixo:

"O acórdão embargado, considerando que não é possível aplicar a nova redação do art. 185 do CTN (LC 118/05) à hipótese em apreço (*tempus regit actum*), respaldou-se na interpretação da redação original desse dispositivo legal adotada pela jurisprudência do STJ". (EDcl no AgRg no Ag 1.019.882/PR, Rel. Ministro Benedito Gonçalves, Primeira Turma, julgado em 06/10/2009, DJe 14/10/2009)

"Ressalva do ponto de vista do relator que tem a seguinte compreensão sobre o tema: [...] b) Na redação atual do art. 185 do CTN, exige-se apenas a inscrição em dívida ativa prévia à alienação para caracterizar a presunção relativa de fraude à execução em que incorrem o alienante e o adquirente (regra aplicável às alienações ocorridas após 9.6.2005);" (REsp 726.323/SP, Rel. Ministro Mauro Campbell Marques, Segunda Turma, julgado em 04/08/2009, DJe 17/08/2009)

"Ocorrida a alienação do bem antes da citação do devedor, incabível falar em fraude à execução no regime anterior à nova redação do art. 185 do CTN pela LC 118/2005". (AgRg no Ag 1.048.510/SP, Rel. Ministra Eliana Calmon, Segunda Turma, julgado em 19/08/2008, DJe 06/10/2008)

"A jurisprudência do STJ, interpretando o art. 185 do CTN, até o advento da LC 118/2005, pacificou-se, por entendimento da Primeira Seção (EREsp 40.224/SP), no sentido de só ser possível presumir-se em fraude à execução a alienação de bem de devedor já citado em execução fiscal". (REsp 810.489/RS, Rel. Ministra Eliana Calmon, Segunda Turma, julgado em 23/06/2009, DJe 06/08/2009)

8. A inaplicação do art. 185 do CTN implica violação da Cláusula de Reserva de Plenário e enseja reclamação por infringência da Súmula Vinculante nº 10, *verbis*: "Viola a cláusula de reserva de plenário (cf. artigo 97) a decisão de órgão fracionário de tribunal que, embora não declare expressamente a inconstitucionalidade de lei ou ato normativo do poder público, afasta sua incidência, no todo ou em parte."

9. Conclusivamente: (a) a natureza jurídica tributária do crédito conduz a que a simples alienação ou oneração de bens ou rendas, ou seu começo, pelo sujeito passivo por quantia inscrita em dívida ativa, sem a reserva de meios para quitação do débito, gera presunção absoluta (*jure et de jure*) de fraude à execução (lei especial que se sobrepõe ao regime do direito processual civil); (b) a alienação engendrada até 08.06.2005 exige que tenha havido prévia citação no processo judicial para caracterizar a fraude de execução; se o ato translativo foi praticado a partir de 09.06.2005, data de início da vigência da Lei Complementar nº 118/2005, basta a efetivação da inscrição em dívida ativa para a configuração da figura da fraude; (c) a fraude de execução prevista no artigo 185 do CTN encerra presunção *jure et de jure*, conquanto componente do elenco das "garantias do crédito tributário"; (d) a inaplicação do artigo 185 do CTN, dispositivo que não condiciona a ocorrência de fraude a qualquer registro público, importa violação da Cláusula Reserva de Plenário e afronta à Súmula Vinculante nº 10, do STF.

10. *In casu*, o negócio jurídico em tela aperfeiçoou-se em 27.10.2005, data posterior à entrada em vigor da LC 118/2005, sendo certo que a inscrição em dívida ativa deu-se anteriormente à revenda do veículo ao recorrido, porquanto, consoante dessume-se dos autos, a citação foi efetuada em data anterior à alienação, restando inequívoca a prova dos autos quanto à ocorrência de fraude à execução fiscal.

11. Recurso especial conhecido e provido. Acórdão submetido ao regime do artigo 543-C do CPC e da Resolução STJ nº 08/2008.[173]

[173] BRASIL. Superior Tribunal de Justiça. REsp nº 1.141.990/PR. Relator: ministro Luiz Fux. Primeira Seção. Julgamento em 10 de novembro de 2010. *DJe*, 19 nov. 2010.

No mesmo sentido:

TRIBUTÁRIO. FRAUDE À EXECUÇÃO FISCAL. INAPLICABILIDADE DA SÚMULA 375/STJ. CITAÇÃO DO DEVEDOR. ART. 185 DO CTN (REDAÇÃO ORIGINAL).
ALIENAÇÃO DE BEM ANTERIOR À CITAÇÃO DO DEVEDOR. FRAUDE NÃO CONFIGURADA. ENTENDIMENTO FIRMADO EM REPETITIVO. RESP PARADIGMA 1141990/PR. SÚMULA 83/STJ. VERIFICAÇÃO DA DATA DE ALIENAÇÃO. SÚMULA 7/STJ.
1. A Primeira Seção, no julgamento do REsp 1.141.990/PR, de relatoria do Ministro Luiz Fux, submetido ao rito dos recursos repetitivos (art. 543-C do CPC), sedimentou o entendimento de que gera presunção absoluta (*jure et de jure*) de fraude à execução a simples alienação ou oneração de bens ou rendas pelo sujeito passivo por quantia inscrita em dívida ativa, sem a reserva de meios para quitação do débito.
2. Destacou-se, no julgado, que "a alienação efetivada antes da entrada em vigor da LC n. 118/2005 (09.06.2005) presumia-se em fraude à execução se o negócio jurídico sucedesse a citação válida do devedor; posteriormente a 09.06.2005, considera-se fraudulentas [sic] as alienações efetuadas pelo devedor fiscal após a inscrição do crédito tributário na dívida ativa".
3. Assentou-se ainda que a lei especial, qual seja, o Código Tributário Nacional, se sobrepõe ao regime do direito processual civil, diante da supremacia do interesse público, já que o recolhimento dos tributos serve à satisfação das necessidades coletivas, o que afasta a incidência da Súmula 375/STJ aos feitos executivos fiscais.
4. *In casu*, o Tribunal de origem, após análise do acervo fático dos autos, concluiu que a alienação do bem ocorreu em data anterior à entrada em vigor da Lei Complementar n. 118/2005, sendo certo que a citação foi efetuada em data posterior à

alienação, afastando, consequentemente, a alegação de fraude à execução fiscal.
Incidência da Súmula 83/STJ.
5. Firmada a premissa fática de que alienação do bem ocorreu em data anterior à citação, fatos estes anteriores à alteração normativa (nova redação do art. 185 do CTN), a modificação de tal conclusão encontra óbice na Súmula 7/STJ.
Agravo regimental improvido.[174]

TRIBUTÁRIO E PROCESSUAL CIVIL. AGRAVO EM RECURSO ESPECIAL. FRAUDE À EXECUÇÃO FISCAL. EMBARGOS DE TERCEIRO. ART. 185 DO CTN. COMPROVAÇÃO DO CONSILIUM FRAUDIS E REGISTRO DA PENHORA. DESNECESSIDADE. INAPLICABILIDADE DA SÚMULA 375/STJ EM SEDE DE EXECUÇÃO FISCAL. RESP REPRESENTATIVO DE CONTROVÉRSIA: RESP. 1.141.990/PR, REL. MIN. LUIZ FUX, DJe 19.11.2010. ALIENAÇÃO DE BEM POSTERIOR À CITAÇÃO DO DEVEDOR. FRAUDE À EXECUÇÃO CARACTERIZADA. AGRAVO REGIMENTAL DESPROVIDO.
1. Esta Corte Superior de Justiça firmou o entendimento de que nas ações de execuções fiscais a constatação de fraude deve se dar objetivamente, sem se indagar da intenção dos partícipes do negócio jurídico, porquanto a diferença de tratamento entre a fraude civil e a fiscal se justifica pela necessidade de se proteger o interesse público e a satisfação das necessidades coletivas.
2. A Corte local afirmou, expressamente, que a citação fora efetivada antes da realização do negócio jurídico, o que se presume que fora realizado com fraude à execução, podendo o exequente perseguir o bem imóvel objeto da presente contenda.

[174] BRASIL. Superior Tribunal de Justiça. AgRg no AREsp nº 372.264/MG. Relator: ministro Humberto Martins. Segunda Turma. Julgamento em 19 de setembro de 2013. *DJe*, 30 set. 2013.

> 3. Não apresentação pela parte agravante de argumentos novos capazes de infirmar os fundamentos que alicerçaram a decisão agravada.
> 4. Agravo Regimental desprovido.[175]

Destaca-se, ainda, o entendimento de Gustavo da Rocha Schmidt:[176]

> Presentes os requisitos contidos no art. 185 do CTN, não se confere ao contribuinte a possibilidade de demonstrar que efetuou a venda de boa-fé. Ajuizada a execução fiscal, pouco importa se o contribuinte dela tinha ciência, presumindo a lei, *iure et iure* que a alienação de bens deu-se de forma fraudulenta. A lei não perquire acerca da intenção do contribuinte.

O referido autor[177] ensina:

> A teor do art. 185 do CTN, a oneração de bens, por devedor insolvente, posteriormente à inscrição em dívida ativa, importaria em fraude ao executivo fiscal. Ocorre que, conforme já tivemos a oportunidade de analisar, à luz do art. 184 do CTN, a oneração de bens, seja qual for a data de sua constituição, é ineficaz contra o fisco. Há uma contradição em termos: ou a oneração de bens, por ato de vontade, é inoponível ao fisco, na forma do art. 184 do CTN; ou é válida e oponível ao fisco enquanto não iniciada a execução conforme estabelecia o art. 185 do CTN.

---

[175] BRASIL. Superior Tribunal de Justiça. AgRg no AREsp nº 289.499/DF. Relator: ministro Napoleão Nunes Maia Filho. Primeira Turma. Julgamento em 18 de abril de 2013. *DJe*, 24 abr. 2013.

[176] SCHMIDT, Gustavo da Rocha. "Garantias e privilégios do crédito tributário", 2010, op. cit., p. 36.

[177] Ibid., p. 58.

No caso de inércia do devedor, foi introduzido pela Lei Complementar nº 118/2005 o art. 185-A do CTN:

> Art. 185-A. Na hipótese de o devedor tributário, devidamente citado, não pagar nem apresentar bens à penhora no prazo legal e [se] não forem encontrados bens penhoráveis, o juiz determinará a indisponibilidade de seus bens e direitos, comunicando a decisão, preferencialmente por meio eletrônico, aos órgãos e entidades que promovem registros de transferência de bens, especialmente ao registro público de imóveis e às autoridades supervisoras do mercado bancário e do mercado de capitais, a fim de que, no âmbito de suas atribuições, façam cumprir a ordem judicial.
> § 1º. A indisponibilidade de que trata o *caput* deste artigo limitar-se-á ao valor total exigível, devendo o juiz determinar o imediato levantamento da indisponibilidade dos bens ou valores que excederem esse limite.
> § 2º. Os órgãos e entidades aos quais se fizer a comunicação de que trata o *caput* deste artigo enviarão imediatamente ao juízo a relação discriminada dos bens e direitos cuja indisponibilidade houverem promovido.

Luiz Emygdio F. da Rosa Jr.[178] ensina, no que se refere ao art. 185-A do CTN, que

> a indisponibilidade universal a que se refere o dispositivo visa a resguardar os interesses da Fazenda Pública e pode ser decretada de ofício, mas para a decretação devem ser observados os seguintes pressupostos: *(i)* citação regular do executado; *(ii)* não

[178] ROSA JR., Luiz Emygdio F. da. *Manual de direito tributário*, 2009, op. cit., p. 457.

pagamento nem nomeação de bens à penhora; *(iii)* não localização de bens penhoráveis;[179] e, por final, *(iv)* decisão judicial.

Essa é a posição do STJ:

> PROCESSUAL CIVIL. BLOQUEIO DE ATIVOS FINANCEIROS POR MEIO DO SISTEMA BACENJUD. APLICAÇÃO CONJUGADA DO ART. 185-A, DO CTN, ART. 11, DA LEI N. 6.830/80, ART. 655 E ART. 655-A, DO CPC. DECISÃO PROFERIDA APÓS A VIGÊNCIA DA LEI N. 11.382/2006, QUE DEU NOVA REDAÇÃO AO ART. 655 E INSTITUIU O ART. 655-A, AMBOS DO CPC. DESNECESSIDADE DE PRÉVIO ESGOTAMENTO DE DILIGÊNCIAS PARA LOCALIZAR BENS DO DEVEDOR. ORIENTAÇÃO ADOTADA EM SEDE DE RECURSOS REPETITIVOS, NA SISTEMÁTICA DO ART. 543-C, DO CPC. 1. Em interpretação sistemática do ordenamento jurídico, na busca de uma maior eficácia material do provimento jurisdicional, deve-se conjugar o art. 185-A do CTN com o art. 11 da Lei n. 6.830/80 e artigos 655 e 655-A, do CPC, para possibilitar a penhora de dinheiro em depósito ou aplicação financeira, independentemente do esgotamento de diligências para encontrar outros bens penhoráveis. Em suma, para as decisões proferidas a partir de 20.1.2007 (data da entrada em vigor da Lei n. 11.382/2006), em execução fiscal por crédito tributário ou não, aplica-se o disposto no art. 655-A do Código de Processo Civil, posto que compatível com o art. 185-A do CTN. 2. O tema foi submetido a julgamento pelo rito no art. 543-C, do CPC, tanto pela Corte Especial (REsp 1.112.943-MA, Rel. Min. Nancy Andrighi, DJE 23.11.2010), quanto pela Primeira Seção desta Corte (REsp

[179] Vale ressaltar que tal exigência não precisa ser cumprida de forma a esgotar todas as possibilidades.

1.184.765-PA, Rel. Min. Luiz Fux, julgado no dia 24.11.2010), ocasiões em que restou assentado entendimento no sentido de que a penhora online, antes da entrada em vigor da Lei n. 11.382/2006, configura medida excepcional cuja efetivação está condicionada à comprovação de que o credor tenha realizado todas as diligências no sentido de localizar bens livres e desembaraçados de titularidade do devedor. Contudo, após o advento da referida lei, o juiz, ao decidir sobre a realização da penhora online, não pode mais exigir do credor prova de exaurimento das vias extrajudiciais na busca de bens a serem penhorados. 3. Compulsando os autos, verifica-se que a decisão que apreciou o bloqueio de ativos financeiros foi lavrada quando já vigorava o art. 655-A do CPC, introduzido pela Lei n. 11.382/006. 4. Recurso especial provido.
(REsp 1195983/RS, Rel. Ministro MAURO CAMPBELL MARQUES, SEGUNDA TURMA, julgado em 22/03/2011, DJe 31/03/2011).

Preferências do crédito tributário (CTN, art. 186)

Como aduz Luciano Amaro,[180] "na seção 'preferências', o Código Tributário Nacional cuida não apenas de preferências propriamente ditas, mas também de outras garantias adicionalmente conferidas ao crédito tributário". Vê-se no art. 186 do CTN que o crédito tributário tem preferência sobre todos os créditos, independentemente da data de sua constituição, com exceção do trabalhista. O parágrafo único do referido artigo, incluído pela Lei Complementar nº 118/2005, excetua algumas situações em casos de falência.

[180] AMARO, Luciano. *Direito tributário brasileiro*, 2010, op. cit., p. 503.

> Art. 186. O crédito tributário prefere a qualquer outro, seja qual for sua natureza ou o tempo de sua constituição, ressalvados os créditos decorrentes da legislação do trabalho ou do acidente de trabalho.
> Parágrafo único. Na falência:
> I - o crédito tributário não prefere aos créditos extraconcursais ou às importâncias passíveis de restituição, nos termos da lei falimentar, nem aos créditos com garantia real, no limite do valor do bem gravado;
> II - a lei poderá estabelecer limites e condições para a preferência dos créditos decorrentes da legislação do trabalho; e
> III - a multa tributária prefere apenas aos créditos subordinados.

Leciona Luiz Emygdio F. da Rosa Jr.,[181] ainda, que o referido dispositivo

> visou dar legitimidade ao art. 83 da Lei 11.101 de 09/02/2005 (nova lei de falências e recuperação de empresas), que, regulando os créditos concursais na falência, estabeleceu o primado dos créditos com garantia real sobre os créditos tributários até o limite do valor do bem gravado. Isso, para que as instituições financeiras, melhor protegidas no caso de falência do devedor, ampliem a concessão de créditos para maior desenvolvimento da economia. Segunda, que o parágrafo único acrescentado ao art. 186 do CTN, decorre da nova classificação dos créditos fiscais na falência, estabelecida pelo art. 83 da LFRE, bem como para determinar que os créditos tributários não preferem aos créditos concursais elencados no art. 84 ou às quantias passíveis de restituição. Outro objetivo foi permitir a cobrança da multa fiscal na falência, embora subordinado a preferência apenas sobre os créditos mencionados no inciso VIII do art. 83 da LFRE.

[181] ROSA JR., Luiz Emygdio F. da. *Manual de direito tributário*, 2009, op. cit., p. 459.

Transcrevem-se, abaixo, julgados recentes do STJ acerca de diferentes aspectos do art. 186 do CTN, como o privilégio de crédito tributário sobre honorários advocatícios.

> AGRAVO REGIMENTAL EM EMBARGOS DE DIVERGÊNCIA – CRÉDITOS DECORRENTES DE HONORÁRIOS ADVOCATÍCIOS – PRIVILÉGIO EM RELAÇÃO AOS CRÉDITOS TRIBUTÁRIOS – INEXISTÊNCIA – UNIFORMIZAÇÃO DA JURISPRUDÊNCIA NO EXATO SENTIDO DA DECISÃO EMBARGADA – SÚMULA 168 DO STJ.
> 1. Em julgados da Corte Especial e da Primeira Seção, uniformizou-se a jurisprudência deste Tribunal no sentido de que o crédito decorrente de honorários advocatícios não precede ao crédito tributário.
> 2. Nos termos da Súmula 168 do STJ, não cabem embargos de divergência quando o acórdão embargado se alinha ao entendimento que prevaleceu.
> 3. Agravo regimental não provido.[182]

> PROCESSO CIVIL – TRIBUTÁRIO – CRÉDITO TRIBUTÁRIO – PREFERÊNCIA – ART. 186 DO CTN – ADJUDICAÇÃO DE BEM PENHORADO EM EXECUÇÃO CÍVEL – IRRELEVÂNCIA – PRECEDENTES.
> 1. Hipótese em que o Tribunal de origem reputou perfeita e acabada a adjudicação de bem imóvel também penhorado em execução fiscal, confirmando decisão da primeira instância de negar a intimação do adjudicante para depositar o valor nos autos da execução fiscal.
> 2. O crédito tributário somente é preterido em sua satisfação por créditos decorrentes da legislação trabalhista e por crédi-

[182] BRASIL. Superior Tribunal de Justiça. AgRg no EREsp nº 1.235.701/RS. Relatora: ministra Diva Malerbi (desembargadora convocada. TRF Terceira Região). Primeira Seção. Julgamento em 12 de dezembro de 2012. *DJe*, 1º fev. 2013.

tos decorrentes de acidente de trabalho e, na falência, pelas importâncias restituíveis, pelos créditos com garantia real e créditos extraconcursais, na forma dos arts. 186 e 83 e 84 da Lei 11.101/2005, hipóteses não verificadas no contexto fático dos autos.

3. Precedentes: REsp 501.924/SC, Rel. Ministro LUIZ FUX, PRIMEIRA TURMA, julgado em 04/11/2003, DJ 24/11/2003, p. 222; REsp 1143950/RS, Rel. Ministra ELIANA CALMON, SEGUNDA TURMA, julgado em 09/03/2010, DJe 22/03/2010; AgRg no REsp 1204972/MT, Rel. Ministro BENEDITO GONÇALVES, PRIMEIRA TURMA, julgado em 01/03/2012, DJe 06/03/2012 e REsp 1194742/MG, Rel. Ministro MAURO CAMPBELL MARQUES, SEGUNDA TURMA, julgado em 22/03/2011, DJe 31/03/2011.

4. Recurso especial provido.[183]

TRIBUTÁRIO. CRÉDITO TRIBUTÁRIO. DIREITO DE PREFERÊNCIA. ART. 186 DO CTN.

1. Nos termos do art. 186 do CTN, o crédito tributário tem preferência sobre qualquer outro, independente de sua natureza ou tempo de constituição, somente sendo preterido por créditos decorrentes de acidente de trabalho, resultantes da legislação trabalhista até o montante de 150 salários-mínimos, restituíveis, gravados com garantia real em processo falimentar e extraconcursais.

2. Instaurado o concurso de credores, o crédito tributário prefere aos demais, ressaltadas as exceções do art. 186 do CTN, não estando condicionado à expressa manifestação da Fazenda Pública.

[183] BRASIL. Superior Tribunal de Justiça. REsp nº 1.360.786/MG. Relatora: ministra Diva Malerbi (desembargadora convocada. TRF Terceira Região). Segunda Turma. Julgamento em 21 de fevereiro de 2013. *DJe*, 27 fev. 2013.

> 3. Hipótese em que o crédito tributário prefere ao crédito quirografário.
> Recurso especial provido.[184]

Concurso entre credores públicos (CTN, art. 187) e outras preferências (CTN, arts. 188-190)

Já o art. 187 do CTN demonstra a desnecessidade de habilitação de crédito em falência, recuperação judicial, concordata (quando era existente), inventário ou arrolamento quando da cobrança do crédito tributário e, ainda, determina a ordem de preferência no caso de concurso de credores entre os entes públicos:

> Art. 187. A cobrança judicial do crédito tributário não é sujeita a concurso de credores ou habilitação em falência, recuperação judicial, concordata, inventário ou arrolamento.
> Parágrafo único. O concurso de preferência somente se verifica entre pessoas jurídicas de direito público, na seguinte ordem:
> I - União;
> II - Estados, Distrito Federal e Territórios, conjuntamente e pró-rata;
> III - Municípios, conjuntamente e pró-rata.

Assim, quando houver concurso de credores entre entes públicos, não se observa a ordem cronológica na penhora, devendo a pessoa jurídica prioritária ter preferência. Vale destacar ementa de Recurso Repetitivo do STJ sobre o tema:

> PROCESSUAL CIVIL. TRIBUTÁRIO. RECURSO ESPECIAL REPRESENTATIVO DE CONTROVÉRSIA. ART. 543-C, DO CPC.

---

[184] BRASIL. Superior Tribunal de Justiça. REsp nº 1.233.721/PR. Relator: ministro Humberto Martins. Segunda Turma. Julgamento em 1º de março de 2011. *DJe*, 15 mar. 2011.

EXECUÇÃO FISCAL. EXISTÊNCIA DE PENHORAS SOBRE O MESMO BEM. DIREITO DE PREFERÊNCIA. CRÉDITO TRIBUTÁRIO ESTADUAL E CRÉDITO DE AUTARQUIA FEDERAL. ARTS. 187 DO CTN E 29, I, DA LEI 6.830/80. PREFERÊNCIA DO CRÉDITO TRIBUTÁRIO FEDERAL.

1. O crédito tributário de autarquia federal goza do direito de preferência em relação àquele de que seja titular a Fazenda Estadual, desde que coexistentes execuções e penhoras. (Precedentes: REsp 131.564/SP, Rel. Ministro CASTRO MEIRA, SEGUNDA TURMA, julgado em 14/09/2004, DJ 25/10/2004; EREsp 167.381/SP, Rel. Ministro FRANCISCO FALCÃO, PRIMEIRA SEÇÃO, julgado em 09/05/2002, DJ 16/09/2002; EDcl no REsp 167.381/SP, Rel. Ministro GARCIA VIEIRA, PRIMEIRA TURMA, julgado em 22/09/1998, DJ 26/10/1998; REsp 8.338/SP, Rel. MIN. PEÇANHA MARTINS, SEGUNDA TURMA, julgado em 08/09/1993, DJ 08/11/1993).

2. A instauração do concurso de credores pressupõe pluralidade de penhoras sobre o mesmo bem, por isso que apenas se discute a preferência quando há execução fiscal e recaia a penhora sobre o bem excutido em outra demanda executiva. (Precedentes: REsp 1175518/SP, Rel. Ministro HUMBERTO MARTINS, SEGUNDA TURMA, julgado em 18/02/2010, DJe 02/03/2010; REsp 1122484/PR, Rel. Ministra ELIANA CALMON, SEGUNDA TURMA, julgado em 15/12/2009, DJe 18/12/2009; REsp 1079275/SP, Rel. Ministro LUIZ FUX, PRIMEIRA TURMA, julgado em 17/09/2009, DJe 08/10/2009; REsp 922.497/SC, Rel. Ministro JOSÉ DELGADO, PRIMEIRA TURMA, julgado em 11/09/2007, DJ 24/09/2007).

3. *In casu*, resta observada a referida condição à análise do concurso de preferência, porquanto incontroversa a existência de penhora sobre o mesmo bem tanto pela Fazenda Estadual como pela autarquia previdenciária.

4. O art. 187 do CTN dispõe que, *verbis*:

"Art. 187. A cobrança judicial do crédito tributário não é sujeita a concurso de credores ou habilitação em falência, recuperação judicial, concordata, inventário ou arrolamento. (Redação dada pela Lcp nº 118, de 2005)

Parágrafo único. O concurso de preferência somente se verifica entre pessoas jurídicas de direito público, na seguinte ordem:

I - União;

II - Estados, Distrito Federal e Territórios, conjuntamente e pró-rata;

III - Municípios, conjuntamente e pró- rata."

5. O art. 29, da Lei 6.830/80, a seu turno, estabelece que:

"Art. 29. A cobrança judicial da Dívida Ativa da Fazenda Pública não é sujeita a concurso de credores ou habilitação em falência, concordata, liquidação, inventário ou arrolamento.

Parágrafo único. O concurso de preferência somente se verifica entre pessoas jurídicas de direito público, na seguinte ordem:

I - União e suas autarquias;

II - Estados, Distrito Federal e Territórios e suas autarquias, conjuntamente e *pro rata*;

III - Municípios e suas autarquias, conjuntamente e *pro rata*."

6. Deveras, verificada a pluralidade de penhoras sobre o mesmo bem em executivos fiscais ajuizados por diferentes entidades garantidas com o privilégio do concurso de preferência, consagra-se a prelação ao pagamento dos créditos tributários da União e suas autarquias em detrimento dos créditos fiscais dos Estados, e destes em relação aos dos Municípios, consoante a dicção do art. 187, § único c/c art. 29, da Lei 6.830/80.

7. O Pretório Excelso, não obstante a título de *obiter dictum*, proclamou, em face do advento da Constituição Federal de 1988, a subsistência da Súmula 563 do STF: "O concurso de preferência a que se refere o parágrafo único do art. 187 do Código Tributário Nacional é compatível com o disposto no art. 9º, I, da Constituição Federal", em aresto assim ementado:

AGRAVO REGIMENTAL NO AGRAVO DE INSTRUMENTO. AUSÊNCIA DE PREQUESTIONAMENTO. MATÉRIA INFRACONSTITUCIONAL. OFENSA INDIRETA. CONCURSO DE PREFERÊNCIA. ARTIGO 187 CTN.
1. O Tribunal *a quo* não se manifestou explicitamente sobre o tema constitucional tido por violado. Incidência das Súmulas ns. 282 e 356 do Supremo Tribunal Federal.
2. Controvérsia decidida à luz de legislação infraconstitucional. Ofensa indireta à Constituição do Brasil.
3. A vedação estabelecida pelo artigo 19, III, da Constituição (correspondente àquele do artigo 9º, I, da EC n. 1/69) não atinge as preferências estabelecidas por lei em favor da União. Agravo regimental a que se nega provimento.
(AI 608769 AgR, Relator(a): Min. EROS GRAU, Segunda Turma, julgado em 18/12/2006, DJ 23-02-2007)
8. Recurso especial desprovido. Acórdão submetido ao regime do art. 543-C do CPC e da Resolução STJ 08/2008.[185]

No mesmo sentido, reconhece o STJ a necessidade de protesto pela preferência do crédito por parte do Estado nos autos da execução, quando a execução do município alcança a fase de arrematação antes daquela. Confira-se:

PROCESSUAL CIVIL E TRIBUTÁRIO. EXECUÇÃO FISCAL. CONCURSO DE CREDORES. PREFERÊNCIA. ARREMATAÇÃO.
1. A Primeira Seção do STJ consolidou o entendimento de que, verificada a pluralidade de penhoras sobre o mesmo bem em executivos fiscais ajuizados por diferentes entidades garantidas com o privilégio do concurso de preferência, consagra-se a prelação ao pagamento dos créditos tributários da União e

[185] BRASIL. Superior Tribunal de Justiça. REsp nº 957.836/SP. Relator: ministro Luiz Fux. Primeira Seção. Julgamento em 13 de outubro de 2010. *DJe*, 26 out. 2010.

suas autarquias em detrimento dos créditos fiscais dos Estados, e destes em relação aos dos Municípios, consoante a dicção do art. 187, parágrafo único, c/c o art. 29 da Lei 6.830/80.
2. Se, todavia, a execução aparelhada pelo município alcançar a fase de arrematação, tal qual é a hipótese, antes daquela ajuizada pelo Estado, este deve protestar nos respectivos autos pela preferência de seu crédito, sob pena de perdê-lo.
3. Agravo Regimental não provido.[186]

As demais preferências do crédito tributário são autoexplicativas, como se depreende dos arts. 188 a 190 do CTN:

> Art. 188. São extraconcursais os créditos tributários decorrentes de fatos geradores ocorridos no curso do processo de falência.
> § 1º. Contestado o crédito tributário, o juiz remeterá as partes ao processo competente, mandando reservar bens suficientes à extinção total do crédito e seus acrescidos, se a massa não puder efetuar a garantia da instância por outra forma, ouvido, quanto à natureza e valor dos bens reservados, o representante da Fazenda Pública interessada.
> § 2º. O disposto neste artigo aplica-se aos processos de concordata.

> Art. 189. São pagos preferencialmente a quaisquer créditos habilitados em inventário ou arrolamento, ou a outros encargos do monte, os créditos tributários vencidos ou vincendos, a cargo do de cujus ou de seu espólio, exigíveis no decurso do processo de inventário ou arrolamento.
> Parágrafo único. Contestado o crédito tributário, proceder-se-á na forma do disposto no § 1º do artigo anterior.

[186] BRASIL. Superior Tribunal de Justiça. AgRg no REsp nº 1.341.707/RS. Relator: ministro Herman Benjamin. Julgamento em 18 de abril de 2013. *DJe*, 10 maio 2013.

> Art. 190. São pagos preferencialmente a quaisquer outros os créditos tributários vencidos ou vincendos, a cargo de pessoas jurídicas de direito privado em liquidação judicial ou voluntária, exigíveis no decurso da liquidação.

Prova de quitação de tributos (CTN, arts. 191-193)

Os dispositivos abaixo, que são os últimos no capítulo de garantias e privilégios do crédito tributário, como leciona Luciano Amaro,[187] não tratam de preferências e sim de mecanismos que estimulam e, em certa medida, forçam o cumprimento das obrigações tributárias.

> Art. 191. A extinção das obrigações do falido requer prova de quitação de todos os tributos.

> Art. 191-A. A concessão de recuperação judicial depende da apresentação da prova de quitação de todos os tributos, observado o disposto nos arts. 151, 205 e 206 desta Lei.

> Art. 192. Nenhuma sentença de julgamento de partilha ou adjudicação será proferida sem prova da quitação de todos os tributos relativos aos bens do espólio, ou às suas rendas.

> Art. 193. Salvo quando expressamente autorizado por lei, nenhum departamento da administração pública da União, dos Estados, do Distrito Federal, ou dos Municípios, ou sua autarquia, celebrará contrato ou aceitará proposta em concorrência pública sem que o contratante ou proponente faça prova da quitação de todos os tributos devidos à Fazenda Pública interessada, relativos à atividade em cujo exercício contrata ou concorre.

[187] AMARO, Luciano. *Direito tributário brasileiro*, 2010, op. cit., p. 506.

Ressalte-se que, à luz do espírito de preservação da atividade econômica, que permeou a elaboração e promulgação da Lei nº 11.101/2005, a exigência do art. 191-A do CTN deve ser vista com certa flexibilidade, a fim de concretizar o objetivo principal da recuperação judicial, que é a manutenção da atividade empresarial. Veja-se, nesse sentido, trecho de recente decisão veiculada no *site* do STJ:

> Homologação de plano de recuperação judicial não exige certidão tributária negativa.
>
> Qualquer interpretação que inviabilize ou não fomente a superação da crise da empresa em recuperação judicial contraria a lei. Com esse entendimento, a Corte Especial do Superior Tribunal de Justiça (STJ) afastou a exigência de certidões negativas tributárias para homologação do plano de recuperação.
>
> Conforme o ministro Luis Felipe Salomão, a lei precisa ser interpretada sempre com vistas à preservação da atividade econômica da empresa e não com "amesquinhada visão de que o instituto visa a proteger os interesses do empresário".
>
> "O valor primordial a ser protegido é a ordem econômica", afirmou. "Em alguns casos, é exatamente o interesse individual do empresário que é sacrificado, em deferência à preservação da empresa como unidade econômica de inegável utilidade social", completou o relator.
>
> Para o ministro, a interpretação literal do artigo 57 da Lei de Recuperação e Falências (LRF) – que exige as certidões – em conjunto com o artigo 191-A do Código Tributário Nacional (CTN) – que exige a quitação integral do débito para concessão da recuperação – "inviabiliza toda e qualquer recuperação judicial, e conduz ao sepultamento por completo do novo instituto".
>
> "Em regra, com a forte carga de tributos que caracteriza o modelo econômico brasileiro, é de se presumir que a empresa em crise possua elevado passivo tributário" – disse o ministro,

> acrescentando que muitas vezes essa é "a verdadeira causa da debacle".
>
> Para Salomão, a exigência de regularidade fiscal impede a recuperação judicial, o que não satisfaria os interesses nem da empresa, nem dos credores, incluindo o fisco e os trabalhadores.
>
> A Corte entendeu ainda que o parcelamento da dívida tributária é direito do contribuinte em recuperação. Esse parcelamento também causa a suspensão da exigibilidade do crédito, o que garante a emissão de certidões positivas com efeito de negativas. Isso permitiria à empresa cumprir plenamente o artigo 57 da LRF.
>
> Para o ministro Salomão, os artigos da LRF e do CTN apontados "devem ser interpretados à luz das novas diretrizes traçadas pelo legislador para as dívidas tributárias, com vistas, notadamente, à previsão legal de parcelamento do crédito tributário em benefício da empresa em recuperação, que é causa de suspensão da exigibilidade do tributo".[188]

Dessa forma, tanto o art. 57 da Lei nº 11.101/2005 quanto o art. 191-A do CTN, que exigem a quitação de todos os tributos para o deferimento da recuperação judicial, devem ser interpretados de forma sistemática, em consonância com os objetivos da Lei de Recuperação e Falências, evitando-se interpretações literais que inviabilizem a preservação da unidade econômica.

Ademais, o próprio art. 191-A ressalva a necessidade de observância aos dispositivos dos arts. 151, 205 e 206 do próprio CTN, de forma que, para fins de concessão da recuperação judicial, a prova de quitação dos tributos pode ser feita mediante a apresentação de certidão negativa de débito ou de certidão

[188] Notícia de decisão veiculada no *site* do STJ em 26 de junho de 2013, grifo no original. Disponível em: <www.stj.jus.br/portal_stj/publicacao/engine.wsp?tmp.area=398&tmp.texto=110188>. Acesso em: 3 dez. 2013.

positiva com efeitos de negativa, visto possuírem os mesmos efeitos práticos.

Questões de automonitoramento

1) Após ler este capítulo, você é capaz de resumir o caso gerador, identificando as partes envolvidas, os problemas atinentes e as possíveis soluções cabíveis?
2) Quais os critérios para aplicação do art. 185-A do CTN?
3) De acordo com o STJ, quais são os requisitos para a instauração de concurso de credores entre entes públicos?

7

Administração tributária. Certidões. Fiscalização

Roteiro de estudo

Fiscalização e colaboração do contribuinte

A possibilidade de fiscalização é a prerrogativa que a administração pública possui de, em nome do interesse público, analisar e verificar as atividades e documentos dos contribuintes, a fim de confirmar a correta apuração e pagamento de tributos. Isso pode ser realizado através da análise de seus documentos e livros fiscais, dos pagamentos efetuados e de quaisquer outras providências que a administração pública entenda como essenciais para constatar a adimplência da obrigação tributária.

A possibilidade de fiscalização está prevista no art. 194 do Código Tributário Nacional (CTN):

> Art. 194. A legislação tributária, observado o disposto nesta Lei, regulará, em caráter geral, ou especificamente em função da natureza do tributo de que se tratar, a competência e os poderes das autoridades administrativas em matéria de fiscalização da sua aplicação.

Parágrafo único. A legislação a que se refere este artigo aplica-se às pessoas naturais ou jurídicas, contribuintes ou não, inclusive às que gozem de imunidade tributária ou de isenção de caráter pessoal.

Luciano Amaro[189] destaca a importância da atividade de fiscalização:

O recolhimento de tributos depende, em certa medida, da atuação da administração fiscal, especialmente se considerarmos que certas exações somente se tornam exigíveis a partir de um ato específico da autoridade fiscal, que é o lançamento. Por outro lado, para prevenir ou combater a sonegação, faz-se necessário um permanente trabalho de fiscalização. Inúmeras outras tarefas permeiam a atuação das autoridades fiscais na sua função burocrática, de controle, de orientação, de relacionamento com o sujeito passivo, com a rede arrecadadora, com outros órgãos públicos, etc.

Leandro Paulsen,[190] por sua vez, demonstra a diferença entre a atividade fiscalizatória em si e seus efeitos:

Ocorre, com frequência, confusão entre a atividade de fiscalização tributária e os seus efeitos. A fiscalização é atividade indispensável à efetividade da tributação sendo que, a ela, estão sujeitas todas as pessoas. Já como resultado da fiscalização, poderemos ter o lançamento de créditos tributários e aplicação de multas. Contra a fiscalização regularmente realizada, em

[189] AMARO, Luciano. *Direito tributário brasileiro*. 16. ed. São Paulo: Saraiva, 2010. p. 507.

[190] PAULSEN, Leandro. *Direito tributário*: Constituição e Código Tributário à luz da doutrina e da jurisprudência. 12. ed. rev. e atual. Porto Alegre: Livraria do Advogado, 2010. p. 1248-1247.

conformidade com as leis e atos normativos, ninguém pode se opor, tendo inclusive o dever de facilitá-la; contra eventuais lançamentos e aplicação de multas, diversamente, os seus sujeitos passivos têm abertas inúmeras vias, nas esferas administrativa e judicial, para deduzir eventual inconformismo.

Entretanto, ao proceder com a fiscalização, a administração pública deve sempre considerar o disposto na Constituição Federal de 1988 (CRFB):

> Art. 37. A administração pública direta e indireta de qualquer dos Poderes da União, dos Estados, do Distrito Federal e dos Municípios obedecerá aos princípios de legalidade, impessoalidade, moralidade, publicidade e eficiência e, também, ao seguinte: [...]
> XVIII - a administração fazendária e seus servidores fiscais terão, dentro de suas áreas de competência e jurisdição, precedência sobre os demais setores administrativos, na forma da lei; [...]

O Supremo Tribunal Federal (STF), em sua Súmula nº 439, a seguir transcrita, elenca os documentos que poderão ser objeto de fiscalização, bem como os limites a serem observados pelos fiscais, a fim de evitar abuso de poder por parte dessas autoridades: "Estão sujeitos a fiscalização tributária ou previdenciária quaisquer livros comerciais, limitado o exame aos pontos objeto da investigação".

Insta destacar, ainda, que, com o advento da Lei nº 11.457/2007, a Receita Federal do Brasil (RFB) passou a ter competência para fiscalizar questões referentes às contribuições sociais:

> Art. 2º. Além das competências atribuídas pela legislação vigente à Secretaria da Receita Federal, cabe à Secretaria da Receita

Federal do Brasil planejar, executar, acompanhar e avaliar as atividades relativas a tributação, fiscalização, arrecadação, cobrança e recolhimento das contribuições sociais previstas nas alíneas "a", "b", "c" do parágrafo único do art. 11 da Lei nº 8.212, de 24 de julho de 1991, e das contribuições instituídas a título de substituição.

O Decreto nº 7.482/2011, que aprova a estrutura regimental do Ministério da Fazenda, também define, no inciso VIII do art. 15 de seu anexo I, o poder de fiscalização do aludido órgão:

> Art.15. À Secretaria da Receita Federal do Brasil compete:
> [...]
> VIII - planejar, dirigir, supervisionar, orientar, coordenar e executar os serviços de fiscalização, lançamento, cobrança, arrecadação e controle dos tributos e demais receitas da União sob sua administração.

O procedimento de fiscalização se inicia através do mandado de procedimento fiscal, conforme disposto no art. 7º do Decreto nº 70.235/1972:

> Art. 7º. O procedimento fiscal tem início com:
> I - o primeiro ato de ofício, escrito, praticado por servidor competente, cientificado o sujeito passivo da obrigação tributária ou seu preposto; [...]

Já o Decreto nº 6.104/2007, que rege a execução dos procedimentos fiscais, assim determina:

> Art. 1º. Os arts. 2º a 4º do Decreto nº 3.724, de 10 de janeiro de 2001, passam a vigorar com a seguinte redação:
> "Art. 2º. Os procedimentos fiscais relativos a tributos e contribuições administrados pela Secretaria da Receita Federal do

Brasil serão executados, em nome desta, pelos Auditores-Fiscais da Receita Federal do Brasil e somente terão início por força de ordem específica denominada Mandado de Procedimento Fiscal (MPF), instituído mediante ato da Secretaria da Receita Federal do Brasil."

A Portaria RFB nº 11.371/2007 estabelece normas para a execução de procedimentos fiscais, como se depreende dos seus principais dispositivos:

Art. 2º. Os procedimentos fiscais relativos a tributos administrados pela RFB serão executados, em nome desta, pelos Auditores-Fiscais da Receita Federal do Brasil (AFRFB) e instaurados mediante Mandado de Procedimento Fiscal (MPF).
Parágrafo único. Para o procedimento de fiscalização será emitido Mandado de Procedimento Fiscal (MPF-F), e no caso de diligência, Mandado de Procedimento Fiscal – Diligência (MPF-D).

Art. 3º. Para os fins desta Portaria, entende-se por procedimento fiscal:
I - de fiscalização, as ações que objetivam a verificação do cumprimento das obrigações tributárias, por parte do sujeito passivo, relativas aos tributos administrados pela RFB, bem como da correta aplicação da legislação do comércio exterior, podendo resultar em constituição de crédito tributário, apreensão de mercadorias, representações fiscais, aplicação de sanções administrativas ou exigências de direitos comerciais;
II - de diligência, as ações destinadas a coletar informações ou outros elementos de interesse da administração tributária, inclusive para atender exigência de instrução processual.
Parágrafo único. O procedimento fiscal poderá implicar a lavratura de auto de infração ou a apreensão de documentos, materiais, livros e assemelhados, inclusive em meio digital.

Art. 7º. O MPF-F, o MPF-D e o MPF-E conterão:
I - a numeração de identificação e controle;
II - os dados identificadores do sujeito passivo;
III - a natureza do procedimento fiscal a ser executado (fiscalização ou diligência);
IV - o prazo para a realização do procedimento fiscal;
V - o nome e a matrícula do AFRFB responsável pela execução do mandado;
VI - o nome, o número do telefone e o endereço funcional do chefe do AFRFB a que se refere o inciso V; e
VII - o nome, a matrícula e o registro de assinatura eletrônica da autoridade outorgante e, na hipótese de delegação de competência, a indicação do respectivo ato.

Art. 11. Os MPF terão os seguintes prazos máximos de validade:
I - cento e vinte dias, nos casos de MPF-F e de MPF-E;
II - sessenta dias, no caso de MPF-D.

Art. 17. No curso do procedimento fiscal, outros servidores, AFRFB ou não, poderão participar de seu desenvolvimento desde que devidamente identificados e acompanhados de AFRFB designado, sob a responsabilidade deste.
Parágrafo único. Somente os AFRFB acompanhantes poderão firmar termos, intimações ou atos assemelhados, desde que em conjunto com o AFRFB designado.

Art. 18. Os MPF emitidos e suas alterações permanecerão disponíveis para consulta na Internet, mediante a utilização do código de acesso de que trata o art. 4º, parágrafo único, mesmo após a conclusão do procedimento fiscal correspondente.

O art. 195 do CTN deixa clara a possibilidade de a fiscalização examinar todo e qualquer documento do contribuinte, estando o mesmo obrigado à sua apresentação.

Art. 195. Para os efeitos da legislação tributária, não têm aplicação quaisquer disposições legais excludentes ou limitativas do direito de examinar mercadorias, livros, arquivos, documentos, papéis e efeitos comerciais ou fiscais, dos comerciantes industriais ou produtores, ou da obrigação destes de exibi-los.
Parágrafo único. Os livros obrigatórios de escrituração comercial e fiscal e os comprovantes dos lançamentos neles efetuados serão conservados até que ocorra a prescrição dos créditos tributários decorrentes das operações a que se refiram.

No que tange ao parágrafo único supra, Luciano Amaro[191] faz a seguinte ressalva:

> [...] a menção que o Código faz à prescrição há de ser entendida como abrangente da decadência, até porque, em rigor, o preceito seria desnecessário para o efeito de que se trata. Na ausência do parágrafo, certamente se concluiria pela desnecessidade de manutenção de documentos fiscais após o prazo dentro do qual eles pudessem ter interesse.
>
> Por outro lado, quando o Código fala em "prescrição dos créditos tributários decorrentes das operações a que (os documentos) se refiram", a proposição que está implícita é a de que os documentos deverão ser guardados até que se esgote o prazo extintivo do direito do sujeito ativo de lançar (ou de cobrar, se tempestivamente lançado) tributo incidente sobre situação a que se relacionem os documentos que, eventualmente, ainda não tenha sido lançado ou ainda não tenha sido pago. Afinal os tributos, normalmente, são pagos e, com o pagamento, extingue-se o crédito tributário sem que caiba falar em decadência ou prescrição do crédito tributário.

191 AMARO, Luciano. *Direito tributário brasileiro*, 2010, op. cit., p. 509-510.

Em suma, é de interesse do Fisco a manutenção de documentos que evidenciem a situação fiscal do sujeito passivo, dentro do prazo durante o qual a legislação autoriza a ação fiscal. A guarda dos documentos, nas mesmas condições, é também de interesse do sujeito passivo que pretenda demonstrar a regularidade de sua vida fiscal.

Destaca-se que o Decreto nº 3.000/1999 – Regulamento do Imposto sobre a Renda e Proventos de Qualquer Natureza (RIR) –, em sua seção V, ressalta a possibilidade de aplicação de sanção criminal àqueles que não apresentarem seus documentos para a fiscalização e desrespeitarem as autoridades fiscais, autorizando, ainda, a utilização de força policial para a busca da documentação:

Seção V - Embaraço e Desacato
Art. 919. Os que desacatarem, por qualquer maneira, os Auditores-Fiscais do Tesouro Nacional no exercício de suas funções e os que, por qualquer meio, impedirem a fiscalização serão punidos na forma do Código Penal, lavrando o funcionário ofendido o competente auto que, acompanhado do rol das testemunhas, será remetido ao Procurador da República pela repartição competente (Lei nº 2.354, de 1954, art. 7º).
Parágrafo único. Considera-se como embaraço à fiscalização a recusa não justificada da exibição de livros auxiliares de escrituração, tais como o Razão, o Livro Caixa, o Livro Registro de Inventário, o Contas-Correntes e outros registros específicos pertinentes ao ramo de negócio da empresa.

Apoio à Fiscalização
Art. 920. No caso de embaraço ou desacato, ou quando necessário à efetivação de medida prevista na legislação tributária, o funcionário poderá solicitar o auxílio das autoridades policiais

federais, estaduais ou municipais, ainda que não se configure o fato definido em lei como crime ou contravenção (Lei nº 2.354, de 1954, art. 7º, e Lei nº 5.172, de 1966, art. 200).

Sobre a possibilidade de a autoridade fiscal requerer a ajuda de autoridade policial para obter vista da documentação, dispõe o art. 200 do CTN:

> Art. 200. As autoridades administrativas federais poderão requisitar o auxílio da força pública federal, estadual ou municipal, e reciprocamente, quando vítimas de embaraço ou desacato no exercício de suas funções, ou quando necessário à efetivação de medida prevista na legislação tributária, ainda que não se configure fato definido em lei como crime ou contravenção.

Destaca-se, ainda, que aqueles que não colaboram com a fiscalização podem sofrer sanções penais, conforme arts. 329 a 331 do Código Penal:

> Resistência
> Art. 329. Opor-se à execução de ato legal, mediante violência ou ameaça a funcionário competente para executá-lo ou a quem lhe esteja prestando auxílio:
> Pena - detenção, de dois meses a dois anos.
> § 1º. Se o ato, em razão da resistência, não se executa:
> Pena - reclusão, de um a três anos.
> § 2º. As penas deste artigo são aplicáveis sem prejuízo das correspondentes à violência.
>
> Desobediência
> Art. 330. Desobedecer a ordem legal de funcionário público:
> Pena - detenção, de quinze dias a seis meses, e multa.

Desacato

Art. 331. Desacatar funcionário público no exercício da função ou em razão dela:

Pena - detenção, de seis meses a dois anos, ou multa.

Leandro Paulsen[192] esclarece:

A insubmissão ao dever de tolerar a fiscalização e de colaborar com o Fisco, alcançando-lhe os elementos necessários à realização do seu trabalho, implica descumprimento de obrigação acessória, podendo ter várias consequências, conforme o caso, dentre as quais a aplicação de multa, o lançamento por arbitramento, a denúncia por desacato, a requisição do auxílio de força pública e o ajuizamento de ação de busca e apreensão.

Luiz Emygdio F. da Rosa Jr.,[193] por sua vez, ensina que "a medida referida no art. 200 do CTN não exclui a imposição de multa pela legislação tributária, no caso de recusa do contribuinte em exibir os livros e documentos solicitados pela autoridade fiscal".

Já o art. 196 do CTN expõe como a autoridade fiscal deve proceder durante a fiscalização, em homenagem ao princípio documental, informante do procedimento fiscal:

Art. 196. A autoridade administrativa que proceder ou presidir a quaisquer diligências de fiscalização lavrará os termos necessários para que se documente o início do procedimento, na forma da legislação aplicável, que fixará prazo máximo para a conclusão daquelas.

192 PAULSEN, Leandro. *Direito tributário*, 2010, op. cit., p. 1248.

193 ROSA JR., Luiz Emygdio F. da. *Manual de direito tributário*. 20. ed. Rio de Janeiro: Renovar, 2009. p. 470.

Parágrafo único. Os termos a que se refere este artigo serão lavrados, sempre que possível, em um dos livros fiscais exibidos; quando lavrados em separado deles se entregará, à pessoa sujeita à fiscalização, cópia autenticada pela autoridade a que se refere este artigo.

Luciano Amaro[194] ressalta:

É importante a identificação da data de início do procedimento de fiscalização, à vista do disposto no art. 138 e seu parágrafo único: a denúncia espontânea de eventual infração para efeito de exclusão de responsabilidade, só cabe antes do início do procedimento fiscal que possa referir-se à infração. Assim, também, a lei deve fixar prazos para a conclusão dos trabalhos, pois o sujeito passivo não pode ficar permanentemente sujeito a procedimento fiscalizatório.

Quanto ao prazo de fiscalização, ensina Luiz Emygdio F. da Rosa Jr.:[195]

A fiscalização não pode persistir indefinidamente, para que seus trabalhos não causem transtorno ao contribuinte, e eventual prorrogação do prazo inicialmente fixado deve ser fundamentada, sob pena de nulidade do auto de infração, por violar a parte final do art. 3º do CTN, quando prescreve que a prestação tributária corresponde à atividade administrativa vinculada.

Assim, passamos ao estudo das normas atinentes ao sigilo fiscal.

[194] AMARO, Luciano. *Direito tributário brasileiro*, 2010, op. cit., p. 510.
[195] ROSA JR., Luiz Emygdio F. da. *Manual de direito tributário*, 2009, op. cit., p. 471.

Sigilo fiscal

Um dos temas mais discutidos na atualidade diz respeito à oposição do dever de sigilo ao fisco. O art. 197 do CTN elenca os obrigados a prestar informações e, em seu parágrafo único, destaca as situações em que o sigilo do contribuinte deve prevalecer.

> Art. 197. Mediante intimação escrita, são obrigados a prestar à autoridade administrativa todas as informações de que disponham com relação aos bens, negócios ou atividades de terceiros:
> I - os tabeliães, escrivães e demais serventuários de ofício;
> II - os bancos, casas bancárias, Caixas Econômicas e demais instituições financeiras;
> III - as empresas de administração de bens;
> IV - os corretores, leiloeiros e despachantes oficiais;
> V - os inventariantes;
> VI - os síndicos, comissários e liquidatários;
> VII - quaisquer outras entidades ou pessoas que a lei designe, em razão de seu cargo, ofício, função, ministério, atividade ou profissão.
> Parágrafo único. A obrigação prevista neste artigo não abrange a prestação de informações quanto a fatos sobre os quais o informante esteja legalmente obrigado a observar segredo em razão de cargo, ofício, função, ministério, atividade ou profissão.

Os arts. 198 e 199 do CTN, com a redação dada pela Lei Complementar nº 104/2001, preocupam-se com o sigilo dos funcionários públicos no que tange às informações às quais têm acesso acerca das atividades exercidas pelos contribuintes, bem como com a regularidade dos processos instaurados para a obtenção da quebra de sigilo:

> Art. 198. Sem prejuízo do disposto na legislação criminal, é vedada a divulgação, por parte da Fazenda Pública ou de seus servidores, de informação obtida em razão do ofício sobre a

situação econômica ou financeira do sujeito passivo ou de terceiros e sobre a natureza e o estado de seus negócios ou atividades.
§ 1º. Excetuam-se do disposto neste artigo, além dos casos previstos no art. 199, os seguintes:
I - requisição de autoridade judiciária no interesse da justiça;
II - solicitações de autoridade administrativa no interesse da Administração Pública, desde que seja comprovada a instauração regular de processo administrativo, no órgão ou na entidade respectiva, com o objetivo de investigar o sujeito passivo a que se refere a informação, por prática de infração administrativa.
§ 2º. O intercâmbio de informação sigilosa, no âmbito da Administração Pública, será realizado mediante processo regularmente instaurado, e a entrega será feita pessoalmente à autoridade solicitante, mediante recibo, que formalize a transferência e assegure a preservação do sigilo.
§ 3º. Não é vedada a divulgação de informações relativas a:
I - representações fiscais para fins penais;
II - inscrições na Dívida Ativa da Fazenda Pública;
III - parcelamento ou moratória.

Art. 199. A Fazenda Pública da União e as dos Estados, do Distrito Federal e dos Municípios prestar-se-ão mutuamente assistência para a fiscalização dos tributos respectivos e permuta de informações, na forma estabelecida, em caráter geral ou específico, por lei ou convênio.
Parágrafo único. A Fazenda Pública da União, na forma estabelecida em tratados, acordos ou convênios, poderá permutar informações com Estados estrangeiros no interesse da arrecadação e da fiscalização de tributos.

Leandro Paulsen[196] apresenta esclarecimentos sobre os dispositivos constitucionais e a LC nº 105/2001 (regulamentada

[196] PAULSEN, Leandro. *Direito tributário*, 2010, op. cit., p. 1256-1257.

pelo Decreto nº 4.489/2002) que dispõem acerca do sigilo das instituições financeiras:

> O sigilo bancário carece de sustentação constitucional expressa e inequívoca. Seu eventual fundamento reside na recondução à proteção da intimidade e da vida privada (art. 5º, X, da CF) ou da comunicação de dados (art. 5º, XII). Tem, assim, um conteúdo instrumental justificando-se em função da proteção dos verdadeiros direitos fundamentais consagrados constitucionalmente. De qualquer modo, jamais se poderia destacar qualquer caráter absoluto em favor da garantia de sigilo, pois nem mesmo os direitos fundamentais a serviço dos quais se o garantiria o têm. [...]
>
> No Brasil, temos tido uma sistemática ampliação do poder do fisco para acessar dados atinentes a movimentações bancárias. O art. 145, parágrafo único da CF, faculta à administração tributária, respeitados os direitos individuais e nos termos da lei, identificar o patrimônio, os rendimentos e as atividades econômicas do contribuinte, mas para conferir pessoalidade aos impostos.
>
> [...] a LC 105/2001, ao dispor sobre o sigilo das operações de instituições financeiras, traz dispositivos que dizem respeito especificamente à questão tributária, assumindo a posição de normas gerais. No art. 5º da LC 105/2001,[197] está previsto que

[197] LC nº 105/2001: "Art. 5º. O Poder Executivo disciplinará, inclusive quanto à periodicidade e aos limites de valor, os critérios segundo os quais as instituições financeiras informarão à administração tributária da União as operações financeiras efetuadas pelos usuários de seus serviços. (Regulamento). § 1º. Consideram-se operações financeiras, para os efeitos deste artigo: I - depósitos à vista e a prazo, inclusive em conta de poupança; II - pagamentos efetuados em moeda corrente ou em cheques; III - emissão de ordens de crédito ou documentos assemelhados; IV - resgates em contas de depósitos à vista ou a prazo, inclusive de poupança; V - contratos de mútuo; VI - descontos de duplicatas, notas promissórias e outros títulos de crédito; VII - aquisições e vendas de títulos de renda fixa ou variável; VIII - aplicações em fundos de investimentos; IX - aquisições de moeda estrangeira; X - conversões de moeda estrangeira em moeda

as instituições financeiras [...] informarão à administração tributária as operações financeiras efetuadas pelos usuários de seus serviços, identificando os titulares e os montantes globais mensalmente movimentados. Criou-se, pois, com isso, uma espécie de monitoramento mensal da atividade financeira dos contribuintes (ainda que sem identificação da origem e natureza dos gastos) de modo a ensejar a revelação de situações em que seja ela incompatível com as informações prestadas à Receita e com os tributos por ele recolhidos. O art. 6º da LC 105, por sua vez, estabelece a possibilidade de, num segundo momento, já identificados os contribuintes suspeitos e instaurado o procedimento fiscal, ocorrer o exame de documentos, livros e registros das instituições financeiras, inclusive os referentes a contas de depósito e aplicações financeiras, com vista ao indispensável aprofundamento da análise das operações financeiras do contribuinte.

---

nacional; XI - transferências de moeda e outros valores para o exterior; XII - operações com ouro, ativo financeiro; XIII - operações com cartão de crédito; XIV - operações de arrendamento mercantil; e XV - quaisquer outras operações de natureza semelhante que venham a ser autorizadas pelo Banco Central do Brasil, Comissão de Valores Mobiliários ou outro órgão competente. § 2º. As informações transferidas na forma do *caput* deste artigo restringir-se-ão a informes relacionados com a identificação dos titulares das operações e os montantes globais mensalmente movimentados, vedada a inserção de qualquer elemento que permita identificar a sua origem ou a natureza dos gastos a partir deles efetuados. § 3º. Não se incluem entre as informações de que trata este artigo as operações financeiras efetuadas pelas administrações direta e indireta da União, dos Estados, do Distrito Federal e dos Municípios. § 4º. Recebidas as informações de que trata este artigo, se detectados indícios de falhas, incorreções ou omissões, ou de cometimento de ilícito fiscal, a autoridade interessada poderá requisitar as informações e os documentos de que necessitar, bem como realizar fiscalização ou auditoria para a adequada apuração dos fatos. § 5º. As informações a que refere este artigo serão conservadas sob sigilo fiscal, na forma da legislação em vigor. Art. 6º. As autoridades e os agentes fiscais tributários da União, dos Estados, do Distrito Federal e dos Municípios somente poderão examinar documentos, livros e registros de instituições financeiras, inclusive os referentes a contas de depósitos e aplicações financeiras, quando houver processo administrativo instaurado ou procedimento fiscal em curso e tais exames sejam considerados indispensáveis pela autoridade administrativa competente. (Regulamento) Parágrafo único. O resultado dos exames, as informações e os documentos a que se refere este artigo serão conservados em sigilo, observada a legislação tributária".

O Superior Tribunal de Justiça (STJ) já reconhecia, inclusive, a possibilidade de o fisco ter acesso às informações do contribuinte antes mesmo da vigência da LC nº 105/2001, como se verifica do acórdão a seguir, proferido em julgamento de recurso representativo de controvérsia:[198]

> PROCESSO CIVIL. RECURSO ESPECIAL REPRESENTATIVO DE CONTROVÉRSIA. ARTIGO 543-C, DO CPC. TRIBUTÁRIO. QUEBRA DO SIGILO BANCÁRIO SEM AUTORIZAÇÃO JUDICIAL. CONSTITUIÇÃO DE CRÉDITOS TRIBUTÁRIOS REFERENTES A FATOS IMPONÍVEIS ANTERIORES À VIGÊNCIA DA LEI COMPLEMENTAR 105/2001. APLICAÇÃO IMEDIATA. ARTIGO 144, § 1º, DO CTN. EXCEÇÃO AO PRINCÍPIO DA IRRETROATIVIDADE.
>
> 1. A quebra do sigilo bancário sem prévia autorização judicial, para fins de constituição de crédito tributário não extinto, é autorizada pela Lei 8.021/90 e pela Lei Complementar 105/2001, normas procedimentais, cuja aplicação é imediata, à luz do disposto no artigo 144, § 1º, do CTN.
> 2. O § 1º, do artigo 38, da Lei 4.595/64 (revogado pela Lei Complementar 105/2001), autorizava a quebra de sigilo bancário, desde que em virtude de determinação judicial, sendo certo que o acesso às informações e esclarecimentos, prestados pelo Banco Central ou pelas instituições financeiras, restringir-se-iam às partes legítimas na causa e para os fins nela delineados.
> 3. A Lei 8.021/90 (que dispôs sobre a identificação dos contribuintes para fins fiscais), em seu artigo 8º, estabeleceu que, iniciado o procedimento fiscal para o lançamento tributário de ofício (nos casos em que constatado sinal exterior de riqueza,

[198] BRASIL. Superior Tribunal de Justiça. AgRg no Ag nº 1.329.960/SP. Relator: ministro Luiz Fux. Primeira Turma. Julgamento em 3 de fevereiro de 2011. *DJe*, 22 fev. 2011.

vale dizer, gastos incompatíveis com a renda disponível do contribuinte), a autoridade fiscal poderia solicitar informações sobre operações realizadas pelo contribuinte em instituições financeiras, inclusive extratos de contas bancárias, não se aplicando, nesta hipótese, o disposto no artigo 38, da Lei 4.595/64.

4. O § 3º, do artigo 11, da Lei 9.311/96, com a redação dada pela Lei 10.174, de 9 de janeiro de 2001, determinou que a Secretaria da Receita Federal era obrigada a resguardar o sigilo das informações financeiras relativas à CPMF, facultando sua utilização para instaurar procedimento administrativo tendente a verificar a existência de crédito tributário relativo a impostos e contribuições e para lançamento, no âmbito do procedimento fiscal, do crédito tributário porventura existente.

5. A Lei Complementar 105, de 10 de janeiro de 2001, revogou o artigo 38, da Lei 4.595/64, e passou a regular o sigilo das operações de instituições financeiras, preceituando que não constitui violação do dever de sigilo a prestação de informações, à Secretaria da Receita Federal, sobre as operações financeiras efetuadas pelos usuários dos serviços (artigo 1º, § 3º, inciso VI, c/c o artigo 5º, *caput*, da aludida lei complementar, e 1º, do Decreto 4.489/2002).

6. As informações prestadas pelas instituições financeiras (ou equiparadas) restringem-se a informes relacionados com a identificação dos titulares das operações e os montantes globais mensalmente movimentados, vedada a inserção de qualquer elemento que permita identificar a sua origem ou a natureza dos gastos a partir deles efetuados (artigo 5º, § 2º, da Lei Complementar 105/2001).

7. O artigo 6º, da lei complementar em tela, determina que:

"Art. 6º. As autoridades e os agentes fiscais tributários da União, dos Estados, do Distrito Federal e dos Municípios somente poderão examinar documentos, livros e registros de instituições financeiras, inclusive os referentes a contas de depósitos e aplicações financeiras, quando houver processo administrativo instaurado ou procedimento fiscal em curso e tais exames sejam considerados indispensáveis pela autoridade administrativa competente.

Parágrafo único. O resultado dos exames, as informações e os documentos a que se refere este artigo serão conservados em sigilo, observada a legislação tributária".

8. O lançamento tributário, em regra, reporta-se à data da ocorrência do fato ensejador da tributação, regendo-se pela lei então vigente, ainda que posteriormente modificada ou revogada (artigo 144, *caput*, do CTN).

9. O artigo 144, § 1º, do Codex Tributário, dispõe que se aplica imediatamente ao lançamento tributário a legislação que, após a ocorrência do fato imponível, tenha instituído novos critérios de apuração ou processos de fiscalização, ampliado os poderes de investigação das autoridades administrativas, ou outorgado ao crédito maiores garantias ou privilégios, exceto, neste último caso, para o efeito de atribuir responsabilidade tributária a terceiros.

10. Consequentemente, as leis tributárias procedimentais ou formais, conducentes à constituição do crédito tributário não alcançado pela decadência, são aplicáveis a fatos pretéritos, razão pela qual a Lei 8.021/90 e a Lei Complementar 105/2001, por envergarem essa natureza, legitimam a atuação fiscalizatória/investigativa da Administração Tributária, ainda que os fatos imponíveis a serem apurados lhes sejam anteriores (Precedentes da Primeira Seção: EREsp 806.753/RS, Rel. Ministro Herman Benjamin, julgado em 22.08.2007, DJe 01.09.2008; EREsp 726.778/PR, Rel. Ministro Castro Meira, julgado em 14.02.2007, DJ 05.03.2007; e EREsp 608.053/RS, Rel. Ministro Teori Albino Zavascki, julgado em 09.08.2006, DJ 04.09.2006).

11. A razoabilidade restaria violada com a adoção de tese inversa conducente à conclusão de que a Administração Tributária,

ciente de possível sonegação fiscal, encontrar-se-ia impedida de apurá-la.

12. A Constituição da República Federativa do Brasil de 1988 facultou à Administração Tributária, nos termos da lei, a criação de instrumentos/mecanismos que lhe possibilitassem identificar o patrimônio, os rendimentos e as atividades econômicas do contribuinte, respeitados os direitos individuais, especialmente com o escopo de conferir efetividade aos princípios da pessoalidade e da capacidade contributiva (artigo 145, § 1º).

13. Destarte, o sigilo bancário, como cediço, não tem caráter absoluto, devendo ceder ao princípio da moralidade aplicável de forma absoluta às relações de direito público e privado, devendo ser mitigado nas hipóteses em que as transações bancárias são denotadoras de ilicitude, porquanto não pode o cidadão, sob o alegado manto de garantias fundamentais, cometer ilícitos. Isto porque, conquanto o sigilo bancário seja garantido pela Constituição Federal como direito fundamental, não o é para preservar a intimidade das pessoas no afã de encobrir ilícitos.

14. O suposto direito adquirido de obstar a fiscalização tributária não subsiste frente ao dever vinculativo de a autoridade fiscal proceder ao lançamento de crédito tributário não extinto.

15. *In casu*, a autoridade fiscal pretende utilizar-se de dados da CPMF para apuração do imposto de renda relativo ao ano de 1998, tendo sido instaurado procedimento administrativo, razão pela qual merece reforma o acórdão regional.

16. O Supremo Tribunal Federal, em 22.10.2009, reconheceu a repercussão geral do Recurso Extraordinário 601.314/SP, cujo *thema iudicandum* restou assim identificado:

"Fornecimento de informações sobre movimentação bancária de contribuintes, pelas instituições financeiras, diretamente ao Fisco por meio de procedimento administrativo, sem a prévia autorização judicial. Art. 6º da Lei Complementar 105/2001."

17. O reconhecimento da repercussão geral pelo STF, com fulcro no artigo 543-B, do CPC, não tem o condão, em regra, de sobrestar o julgamento dos recursos especiais pertinentes.
18. Os artigos 543-A e 543-B, do CPC, asseguram o sobrestamento de eventual recurso extraordinário, interposto contra acórdão proferido pelo STJ ou por outros tribunais, que verse sobre a controvérsia de índole constitucional cuja repercussão geral tenha sido reconhecida pela Excelsa Corte (Precedentes do STJ: AgRg nos EREsp 863.702/RN, Rel. Ministra Laurita Vaz, Terceira Seção, julgado em 13.05.2009, DJe 27.05.2009; AgRg no Ag 1.087.650/SP, Rel. Ministro Benedito Gonçalves, Primeira Turma, julgado em 18.08.2009, DJe 31.08.2009; AgRg no REsp 1.078.878/SP, Rel. Ministro Luiz Fux, Primeira Turma, julgado em 8.06.2009, DJe 06.08.2009; AgRg no REsp 1.084.194/SP, Rel. Ministro Humberto Martins, Segunda Turma, julgado em 05.02.2009, DJe 26.02.2009; EDcl no AgRg nos EDcl no AgRg no Resp 805.223/RS, Rel. Ministro Arnaldo Esteves Lima, Quinta Turma, julgado em 04.11.2008, DJe 24.11.2008; EDcl no AgRg no REsp 950.637/MG, Rel. Ministro Castro Meira, Segunda Turma, julgado em 13.05.2008, DJe 21.05.2008; e AgRg nos EDcl no REsp 970.580/RN, Rel. Ministro Paulo Gallotti, Sexta Turma, julgado em 05.06.2008, Dje 29.09.2008).
19. Destarte, o sobrestamento do feito, ante o reconhecimento da repercussão geral do *thema iudicandum*, configura questão a ser apreciada tão somente no momento do exame de admissibilidade do apelo dirigido ao Pretório Excelso.
20. Recurso especial da Fazenda Nacional provido. Acórdão submetido ao regime do artigo 543-C, do CPC, e da Resolução STJ 08/2008.

O STF reconheceu a repercussão geral dessa questão na forma da ementa transcrita a seguir:

EMENTA: CONSTITUCIONAL. SIGILO BANCÁRIO. FORNECIMENTO DE INFORMAÇÕES SOBRE MOVIMENTAÇÃO

BANCÁRIA DE CONTRIBUINTES, PELAS INSTITUIÇÕES FINANCEIRAS, DIRETAMENTE AO FISCO, SEM PRÉVIA AUTORIZAÇÃO JUDICIAL (LEI COMPLEMENTAR 105/2001). POSSIBILIDADE DE APLICAÇÃO DA LEI 10.174/2001 PARA APURAÇÃO DE CRÉDITOS TRIBUTÁRIOS REFERENTES A EXERCÍCIOS ANTERIORES AO DE SUA VIGÊNCIA. RELEVÂNCIA JURÍDICA DA QUESTÃO CONSTITUCIONAL. EXISTÊNCIA DE REPERCUSSÃO GERAL.
Decisão: O Tribunal reconheceu a existência de repercussão geral da questão constitucional suscitada. Não se manifestaram os Ministros Cármen Lúcia e Cezar Peluso. Ministro Ricardo Lewandowski Relator.[199]

Deve-se ressaltar que, no âmbito do STF, tramitam ainda quatro ações diretas de inconstitucionalidade questionando a compatibilidade da LC nº 105/2001 em relação à Constituição da República (ADI nºs 2.390/DF, 2.397/DF, 2.389/DF e 2.406/DF).

Em sede de recurso extraordinário (RE nº 389.808/PR), o ministro Marco Aurélio, em voto seguido pela maioria, entendeu pela possibilidade de afastamento do sigilo bancário de pessoas físicas e jurídicas exclusivamente por decisão judicial. Observa-se que a decisão ainda não transitou em julgado, em virtude da oposição de embargos de declaração que impedem afirmar que o STF reconheceu de forma definitiva a harmonia entre lei e texto constitucional. Ainda assim, peremptória mostra-se a ementa provisória da exegese da Corte, no exercício de seu poder de controle difuso de constitucionalidade:

SIGILO DE DADOS – AFASTAMENTO. Conforme disposto no inciso XII do artigo 5º da Constituição Federal, a regra é a

[199] BRASIL. Supremo Tribunal Federal. RE nº 601.314/SP. Relator: ministro Ricardo Lewandowski. Julgamento em 15 de dezembro de 2010. *DJe*, 9 maio 2011.

privacidade quanto à correspondência, às comunicações telegráficas, aos dados e às comunicações, ficando a exceção – a quebra do sigilo – submetida ao crivo de órgão equidistante – o Judiciário – e, mesmo assim, para efeito de investigação criminal ou instrução processual penal. SIGILO DE DADOS BANCÁRIOS – RECEITA FEDERAL. Conflita com a Carta da República norma legal atribuindo à Receita Federal – parte na relação jurídico-tributária – o afastamento do sigilo de dados relativos ao contribuinte.[200]

Em relação ao entendimento do STJ, destaca-se o REsp nº 1.134.665/SP, julgado em sede de recurso repetitivo, o qual afirma que

> as leis tributárias procedimentais ou formais, conducentes à constituição do crédito tributário não alcançado pela decadência, são aplicáveis a fatos pretéritos, razão pela qual a Lei 8.021/90 e a Lei Complementar 105/2001, por envergarem essa natureza, legitimam a atuação fiscalizatória/investigativa da Administração Tributária, ainda que os fatos imponíveis a serem apurados lhes sejam anteriores.

No que se refere ao conflito entre intimidade e quebra de sigilo, os tribunais regionais federais têm se baseado no princípio da proporcionalidade, a fim de garantir a transparência ao fisco sem abuso dos direitos dos contribuintes.

Uma questão ainda não decidida pelos tribunais diz respeito à legalidade da Portaria PGFN nº 642, de 1º de abril de 2009, que assim determina:

[200] BRASIL. Supremo Tribunal Federal. RE nº 389.808/PR. Relator: ministro Marco Aurélio. Pendente de publicação no *DJe*.

> Art. 1º. A Procuradoria-Geral da Fazenda Nacional divulgará, em seu sítio na Internet, no endereço www.pgfn.gov.br, a relação atualizada mensalmente das pessoas, físicas ou jurídicas, que possuírem débitos com a Fazenda Nacional inscritos em dívida ativa da União.
> Parágrafo único. Os dados divulgados restringir-se-ão ao nome do devedor principal e dos corresponsáveis e respectivos números de inscrição no Cadastro de Pessoas Físicas (CPF) ou no Cadastro Nacional de Pessoas Jurídicas (CNPJ), número da inscrição em dívida ativa da União e a unidade da Procuradoria-Geral da Fazenda Nacional responsável.

Esta listagem pode trazer inúmeros prejuízos ao contribuinte, visto que, muitas vezes, o sistema da PGFN não é atualizado a tempo de comprovar a efetiva garantia dos débitos inscritos em DAU, o que gera transtornos diversos não só à pessoa jurídica, como também às pessoas físicas que a administram.

Nada obstante, ao analisar um caso semelhante, o STF, quando da criação do Cadastro Informativo dos Créditos de Órgãos e Entidades Federais não Quitados (Cadin) pela Medida Provisória nº 1.490/1996, decidiu pela sua constitucionalidade, sob o fundamento de que tal inclusão seria um ato meramente informativo, sem maiores repercussões sobre direitos e interesses de terceiros.

Sobre o tema em questão, Sacha Calmon Navarro Coêlho[201] enfatiza a proibição total e absoluta da Fazenda Pública expor o sigilo fiscal dos contribuintes, sendo certo que o Código Penal pune tal conduta em seu art. 325:

---

[201] COÊLHO, Sacha Calmon Navarro. *Curso de direito tributário*. 9. ed. Rio de Janeiro: Forense, 2010. p. 769.

> Violação de sigilo funcional
>
> Art. 325. Revelar fato de que tem ciência em razão do cargo e que deva permanecer em segredo, ou facilitar-lhe a revelação:
>
> Pena - detenção, de seis meses a dois anos, ou multa, se o fato não constitui crime mais grave.
>
> § 1º. Nas mesmas penas deste artigo incorre quem:
>
> I - permite ou facilita, mediante atribuição, fornecimento e empréstimo de senha ou qualquer outra forma, o acesso de pessoas não autorizadas a sistemas de informações ou banco de dados da Administração Pública;
>
> II - se utiliza, indevidamente, do acesso restrito.
>
> § 2º. Se da ação ou omissão resulta dano à Administração Pública ou a outrem:
>
> Pena - reclusão, de 2 (dois) a 6 (seis) anos, e multa.

Dessa forma, aguarda-se uma efetiva conclusão da discussão acerca da aludida portaria.

Dívida ativa

O art. 201 do CTN define dívida ativa tributária:

> Art. 201. Constitui dívida ativa tributária a proveniente de crédito dessa natureza, regularmente inscrita na repartição administrativa competente, depois de esgotado o prazo fixado, para pagamento, pela lei ou por decisão final proferida em processo regular.
>
> Parágrafo único. A fluência de juros de mora não exclui, para os efeitos deste artigo, a liquidez do crédito.

Luiz Emygdio F. da Rosa Jr.[202] leciona:

[202] ROSA JR., Luiz Emygdio F. da. *Manual de direito tributário*, 2009, op. cit., p. 476.

> A inscrição do crédito tributário é pressuposto da dívida ativa tributária. Em outras palavras, o crédito tributário transforma-se com a inscrição em dívida ativa tributária ficando, em condição de ser promovida sua cobrança judicial sob as normas da Lei n. 6830/80. Assim, toda dívida ativa é crédito tributário, mas nem todo crédito tributário é dívida ativa tributária.
>
> A inscrição é ato administrativo através pelo qual se registram nos livros, fichários, computadores, etc. do órgão administrativo competente os créditos tributários exigíveis, por não terem sido pagos no prazo legal.

Para que seja considerada regularmente inscrita determinada dívida, além da inexistência de vícios no processo do qual se originou a inscrição, o termo de inscrição deve observar uma série de requisitos previstos no art. 202 do CTN e no art. 2º, § 5º, da Lei de Execuções Fiscais (LEF), os quais são interpretados teleologicamente como requisitos para a viabilização da ampla defesa do executado e do contraditório. Sem isso, a inscrição é nula, na forma do art. 203 do CTN.

A respeito da observância desses requisitos, é válida a transcrição dos aludidos artigos:

> Art. 202. O termo de inscrição da dívida ativa, autenticado pela autoridade competente, indicará obrigatoriamente:
> I - o nome do devedor e, sendo caso, o dos corresponsáveis, bem como, sempre que possível, o domicílio ou a residência de um e de outros;
> II - a quantia devida e a maneira de calcular os juros de mora acrescidos;
> III - a origem e natureza do crédito, mencionada especificamente a disposição da lei em que seja fundado;
> IV - a data em que foi inscrita;

> V - sendo caso, o número do processo administrativo de que se originar o crédito.
>
> Parágrafo único. A certidão conterá, além dos requisitos deste artigo, a indicação do livro e da folha da inscrição.
>
> Art. 203. A omissão de quaisquer dos requisitos previstos no artigo anterior, ou o erro a eles relativo, são causas de nulidade da inscrição e do processo de cobrança dela decorrente, mas a nulidade poderá ser sanada até a decisão de primeira instância, mediante substituição da certidão nula, devolvido ao sujeito passivo, acusado ou interessado o prazo para defesa, que somente poderá versar sobre a parte modificada.

Com relação à possibilidade de substituição ou emenda da Certidão de Dívida Ativa (CDA), o art. 2º, § 8º, da LEF também estabelece que, "até a decisão de primeira instância, a Certidão de Dívida Ativa poderá ser emendada ou substituída, assegurada ao executado a devolução do prazo para embargos".

Sobre essa questão, vale destacar os ensinamentos de Humberto Theodoro Júnior:[203]

> Essa substituição visa a corrigir os erros materiais do título executivo ou mesmo da inscrição que lhe serviu de origem. Não tem, contudo, a força de permitir a convalidação de nulidade plena do próprio procedimento administrativo, como que decorre do cerceamento de defesa ou da inobservância do procedimento legal no lançamento e apuração do crédito fazendário.

Deve ser ressaltado, entretanto, que o Superior Tribunal de Justiça não tem adotado uma postura formalista ao analisar

[203] THEODORO JÚNIOR, Humberto. *Lei de Execução Fiscal*. 11. ed. São Paulo: Saraiva, 2009. p. 26.

tais requisitos, exigindo a demonstração de eventual prejuízo ao direito de defesa do executado pela não compreensão da dívida cobrada. É o que se depreende dos seguintes julgados:

> EXECUÇÃO FISCAL. CDA. REQUISITOS. ART. 2º, §§ 5º E 6º, DA LEI Nº 6.830/80. AUSÊNCIA DE VÍCIO SUBSTANCIAL OU PREJUÍZO À DEFESA.
> I - Os requisitos legais para a regularidade da certidão de dívida ativa elencados no artigo 2º, §§ 5º e 6º, da Lei nº 6.830/80 servem ao exercício da ampla defesa. Desse modo, a inexatidão ou eventual irregularidade constante do referido título somente implica sua nulidade quando privarem o executado da completa compreensão da dívida cobrada. Precedentes análogos: AgRg no REsp nº 782075/MG, Rel. Ministro FRANCISCO FALCÃO, DJ de 06.03.2006; REsp nº 660895/PR, Rel. Ministro CASTRO MEIRA, DJ de 28.11.2005; REsp nº 660623/RS, Rel. Ministro LUIZ FUX, DJ de DJ 16.05.2005; REsp nº 485743/ES.
> II - Na hipótese, as decisões de primeiro e de segundo graus deixaram claro que a irregularidade quanto ao valor original do título não importa qualquer prejuízo à executada, pois a importância correta pode ser obtida a partir do montante atualizado. Ademais, consta expressamente na CDA número do processo administrativo que precedeu a cobrança, o qual permite aferir a correção dos cálculos efetuados pelo fisco.
> III - Recurso Especial improvido.[204]
>
> TRIBUTÁRIO – EMBARGOS À EXECUÇÃO FISCAL – ICMS – CERTIDÃO DE DÍVIDA ATIVA – REQUISITOS FORMAIS (ARTS. 202 E 203 DO CTN E ART. 2º, § 5º, DA LEF) – OMIS-

[204] BRASIL. Superior Tribunal de Justiça. REsp nº 893.541/RS. Relator: ministro Francisco Falcão. Primeira Turma. Julgamento em 12 de dezembro de 2006. *DJ*, 8 mar. 2007.

SÕES E CONTRADIÇÃO: INEXISTÊNCIA – FUNDAMENTAÇÃO DEFICIENTE: SÚMULA 284/STF – AUSÊNCIA DE PREQUESTIONAMENTO: SÚMULA 282/STF.

[...]

6. Os requisitos formais da CDA visam dotar o devedor dos meios necessários a identificar o débito e, assim, poder impugná-lo.

7. Não se exige cumprimento de formalidade, sem demonstrar o prejuízo que ocorreu pela preterição da forma. Princípio da instrumentalidade dos atos.

8. A omissão na CDA, quanto à indicação da forma de cálculo dos juros de mora, não leva à nulidade do título, se tais informações constam de processo administrativo juntado aos autos da execução, sendo, portanto, do conhecimento do devedor. Além disso, tal informação decorre da legislação pertinente, indicada na CDA.

9. Recurso Especial conhecido em parte e, nessa parte, não provido.[205]

Consoante o disposto no art. 204 do CTN:

> Art. 204. A dívida regularmente inscrita goza da presunção de certeza e liquidez e tem o efeito de prova pré-constituída.
>
> Parágrafo único. A presunção a que se refere este artigo é relativa e pode ser ilidida por prova inequívoca, a cargo do sujeito passivo ou do terceiro a que aproveite.

Ressalte-se, por oportuno, que não se aplica às execuções fiscais de dívida ativa tributária a suspensão do prazo prescricional por 180 dias por ocasião da inscrição (art. 2º, § 3º, da

[205] BRASIL. Superior Tribunal de Justiça. REsp nº 891.137/RS. Relatora: ministra Eliana Calmon. Segunda Turma. Julgamento em 15 de abril de 2008. *DJe*, 29 abr. 2008.

LEF), em vista de a prescrição ser matéria reservada à lei complementar, conforme previsão do art. 146, III, "b" da CRFB. A esse respeito, vejam-se os seguintes precedentes:

> EXECUÇÃO FISCAL. SUSPENSÃO DA PRESCRIÇÃO POR 180 DIAS. ART. 2º, § 3º, DA LEI 6.830/80. MATÉRIA RESERVADA À LEI COMPLEMENTAR. NORMA APLICÁVEL SOMENTE ÀS DÍVIDAS NÃO TRIBUTÁRIAS.
> I - Esta Corte sedimentou o entendimento de que o art. 2º, § 3º, da Lei 6.830/80, só é aplicável às dívidas de natureza não tributária. Já às dívidas de natureza tributária, é aplicável o art. 174 do CTN, norma recepcionada pela Constituição Federal com status de Lei Complementar. Precedentes: AgRg no Ag 863.427/MG, Rel. Min. LUIZ FUX, DJ 20.09.2007; REsp 611536/AL, Rel. Min. TEORI ALBINO ZAVASCKI, Rel. p/ Acórdão Ministro JOSÉ DELGADO, DJ 14.05.2007.
> II - Agravo regimental improvido.[206]

> PROCESSUAL CIVIL E TRIBUTÁRIO. EXECUÇÃO FISCAL. PIS. PRESCRIÇÃO. ART. 2º, § 3º, DA LEI 6.830/80 (SUSPENSÃO POR 180 DIAS). NORMA APLICÁVEL SOMENTE ÀS DÍVIDAS NÃO TRIBUTÁRIAS. CLÁUSULA DE RESERVA DE PLENÁRIO. NÃO INCIDÊNCIA NA ESPÉCIE.
> 1. A jurisprudência desta Corte é assente quanto à aplicabilidade do art. 2º, § 3º, da Lei n. 6.830/80 (suspensão da prescrição por 180 dias por ocasião da inscrição em dívida ativa) somente às dívidas de natureza não tributária, devendo ser aplicado o art. 174 do CTN, para as de natureza tributária.
> 2. Não se submete à observância da regra inserta no art. 97 da CF a questão que foi analisada sob o enfoque infraconsti-

[206] BRASIL. Superior Tribunal de Justiça. AG no REsp nº 1.016.445/SP. Relator: ministro Francisco Falcão. Primeira Turma. Julgamento em 21 de agosto de 2008. *DJe*, 1º set. 2008.

tucional e não houve, sequer implicitamente, a declaração de inconstitucionalidade de qualquer lei, mas sim a adequação desta ao caso concreto.

3. Agravo regimental não provido.[207]

Certidões

Na atualidade, a posse da certidão positiva com efeito de negativa (indicando débitos tributários suspensos) ou da certidão negativa (indicando a ausência de débitos tributários) é essencial para a continuidade da atividade empresarial.

Isso porque tais documentos são exigidos para participação em licitações, obtenção de empréstimos, entre outras atividades essenciais ao regular desenvolvimento da atividade da empresa. Tais certidões estão previstas nos arts. 205 e 206 do CTN:

> Art. 205. A lei poderá exigir que a prova da quitação de determinado tributo, quando exigível, seja feita por certidão negativa, expedida à vista de requerimento do interessado, que contenha todas as informações necessárias à identificação de sua pessoa, domicílio fiscal e ramo de negócio ou atividade e indique o período a que se refere o pedido.
>
> Parágrafo único. A certidão negativa será sempre expedida nos termos em que tenha sido requerida e será fornecida dentro de 10 (dez) dias da data da entrada do requerimento na repartição.

> Art. 206. Tem os mesmos efeitos previstos no artigo anterior a certidão de que conste a existência de créditos não vencidos,

---

[207] BRASIL. Superior Tribunal de Justiça. AgRg no Ag nº 1.054.618/SP. Relator: ministro Mauro Campbell Marques. Segunda Turma. Julgamento em 21 de outubro de 2008. *DJe*, 26 nov. 2008.

> em curso de cobrança executiva em que tenha sido efetivada a penhora, ou cuja exigibilidade esteja suspensa.

Leandro Paulsen[208] expõe acerca da impossibilidade de ser negada a expedição de certidão pelo servidor público, ressaltando que, caso a mesma seja positiva, devem ser indicados todos os débitos do contribuinte, bem como sobre a necessidade de observância da razoabilidade e proporcionalidade na exigência de certidão negativa de débito (CND).

O autor explica, ainda, que caso superado o prazo de 10 dias para análise do pedido de certidão, é cabível a impetração de mandado de segurança.

O art. 207 do CTN trata de medidas urgentes, enquanto o art. 208 evidencia a sanção aplicável àquele que entrega a certidão ao contribuinte com dolo ou fraude:

> Art. 207. Independentemente de disposição legal permissiva, será dispensada a prova de quitação de tributos, ou o seu suprimento, quando se tratar de prática de ato indispensável para evitar a caducidade de direito, respondendo, porém, todos os participantes no ato pelo tributo porventura devido, juros de mora e penalidades cabíveis, exceto as relativas a infrações cuja responsabilidade seja pessoal ao infrator.
>
> Art. 208. A certidão negativa expedida com dolo ou fraude, que contenha erro contra a Fazenda Pública, responsabiliza pessoalmente o funcionário que a expedir, pelo crédito tributário e juros de mora acrescidos.
> Parágrafo único. O disposto neste artigo não exclui a responsabilidade criminal e funcional que no caso couber.

---

208 PAULSEN, Leandro. *Direito tributário*, 2010, op. cit., p. 1296-1297.

Questões de automonitoramento

1) Após ler este capítulo, você é capaz de resumir os casos geradores do capítulo 8, identificando as partes envolvidas, os problemas atinentes e as soluções cabíveis?
2) Discorra sobre a questão da quebra do sigilo fiscal e proteção à privacidade do contribuinte.
3) Pense e descreva, mentalmente, alternativas de solução dos casos geradores do capítulo 8.

8 Sugestões de casos geradores

Suspensão (cap. 1)

A empresa XPTO S.A., em vias de distribuir juros sobre capital próprio aos seus acionistas, é surpreendida com pedido da Procuradoria da Fazenda Nacional em execução fiscal para a substituição do seguro garantia emitido por instituição seguradora de primeira linha apresentado e já aceito pela PGFN e pelo juízo na execução fiscal, por penhora dos juros sobre capital próprio a ser distribuído pela sociedade aos seus acionistas, com base nos seguintes argumentos:

1) Em que pesem a concordância anterior da PGFN e a existência de decisão judicial aceitando o seguro garantia como garantia da execução, o art. 15, II, da Lei nº 6.830/1980 garante ao ente público a faculdade de pleitear, em qualquer fase do processo, além do reforço, a substituição dos bens penhorados por outros, o que significa a possibilidade de, a critério da Fazenda Pública, trocar o bem por outro de maior ou menor liquidez.

2) O seguro garantia não encontra previsão legal no rol dos bens passíveis de penhora previstos na Lei de Execuções Fiscais (Lei nº 6.830/1980), e sendo lei especial prefere em execução fiscal sobre as normas do Código de Processo Civil, razão pela qual o seguro não pode ser aceito como garantia do juízo.
3) O dinheiro prefere os demais bens a serem penhorados, conforme ordem prevista na Lei de Execuções Fiscais, e como a empresa anunciou a distribuição de JCP evidencia que possui caixa suficiente para garantir em dinheiro os valores discutidos em juízo na execução fiscal.
4) A execução fiscal é processada com o objetivo principal de garantir os interesses da parte credora (art. 612 do CPC).
5) aplica-se o disposto no art. 32 da Lei nº 4.357/1964,[209] que veda a distribuição de quaisquer bonificações aos seus acionistas quando não estiverem garantidos os débitos com a União.

A empresa contribuinte consulta-lhe, então, sobre os possíveis argumentos contrários à pretensão da Fazenda deduzida em juízo, bem como para que seja mensurada a possibilidade de êxito da pretensão fazendária considerando, notadamente, a jurisprudência atual dos tribunais superiores sobre a matéria.

Diante de tais questionamentos, como você responderia a tal consulta?

[209] Lei 4.357/1964: "Art 32. As pessoas jurídicas, enquanto estiverem em débito não garantido para com a União e suas autarquias de Previdência e Assistência Social, por falta de recolhimento de imposto, taxa ou contribuição, no prazo legal, não poderão: a) distribuir (VETADO) quaisquer bonificações a seus acionistas;".

Extinção. Pagamento. Pagamento indevido. Consignação em pagamento (cap. 2)

Caso 1

O município de Imaginópolis editou lei prevendo hipótese de extinção do crédito tributário por meio de dação em pagamento e, para tanto, estabeleceu que as empresas situadas em seu território e classificadas como microempresas, empresas de pequeno porte ou médias empresas, cujas obrigações tributárias com a Fazenda Pública municipal estivessem inscritas em dívida ativa até a data da promulgação daquela lei, poderiam solvê-las mediante dação em pagamento exclusivamente de materiais destinados a programas do governo do município. Tal previsão normativa é constitucional? Fundamente sua resposta.

Caso 2

Como pode a decisão administrativa irreformável extinguir o crédito tributário se essa decisão pode ser alterada por decisão judicial? Fundamente.

Caso 3

A empresa ABC ajuizou ação anulatória de débito fiscal, visando ao não recolhimento dos valores referentes às alterações introduzidas pela Lei Federal nº 9.718/1998 na sistemática do recolhimento da Cofins. Juntamente com a petição inicial, a empresa providenciou o depósito do valor integral do tributo em discussão. A ação foi julgada procedente nas primeira e segunda instâncias. Diante de dificuldades financeiras – sendo certo que ainda se encontra pendente o julgamento nas instâncias especiais – decide a empresa levantar os valores depositados. Analise a viabilidade do pleito em questão.

Extinção. Compensação. Transação. Remissão. Dação em pagamento (cap. 3)

A empresa ABC Comércio Ltda. possui débitos de ICMS com o estado de Imaginópolis, no valor de R$ 500.000,00. Contudo, a empresa obteve recentemente o trânsito em julgado favorável de uma ação repetitória de indébito em face do mesmo estado, que lhe garantiu a expedição de precatórios no valor de R$ 700.000,00.

Com base nisso, o departamento jurídico da empresa formulou pedido administrativo de compensação dos débitos de ICMS com os créditos oriundos dos referidos precatórios, junto ao estado de Imaginópolis, fundamentando seu pedido na existência de lei estadual específica autorizadora por parte do ente federado.

Não obstante, o pedido de compensação foi negado pelo estado de Imaginópolis, sob a alegação de ser inviável o pedido formulado. A empresa ABC Comércio Ltda. então impetrou mandado de segurança em face da negativa de seu pedido, pleiteando o reconhecimento e a declaração do seu direito à compensação no caso concreto. Como juiz da causa, analise a possibilidade jurídica do pedido formulado e o mérito da questão.

Extinção. Prescrição e decadência (cap. 4)

A Sociedade Alfa foi citada em 30/3/2004 por meio da publicação em edital da lavratura de uma execução fiscal ajuizada pela União para a cobrança de créditos tributários de IRPJ, constituídos definitivamente em 1/2/1999, sendo que o despacho citatório foi proferido em 30/1/2004. A Sociedade Alfa alegou, em sua defesa, que os créditos tributários estariam extintos pelo alcance do prazo prescricional. O processo aguarda julgamento do recurso especial interposto pela sociedade no STJ. Merece prosperar a alegação de prescrição no caso da Sociedade Alfa?

Exclusão (cap. 5)

Caso 1

O estado do Rio de Janeiro concedeu, em 20/4/2008, isenção de IPVA a veículos movidos a gás natural e isenção de ITD *causa mortis* sem qualquer condição e sem prazo determinado. Em 30/6/2010, o estado edita outra lei revogando as isenções concedidas e determinando a cobrança imediata dos impostos a partir da lei revogadora e ainda naquele ano. É possível a cobrança nos termos narrados?

Caso 2

Convênio ratificado pelo estado de São Paulo estabelece isenção de ICMS para o fornecimento de refeições feitas por:

1) estabelecimentos industriais, comerciais ou produtores, diretamente a seus empregados;
2) agremiações estudantis, associação de pais e mestres, instituições de educação ou assistência social, sindicatos ou associações de classe, diretamente aos seus empregados, associados, professores, alunos ou beneficiários conforme o caso. Esta isenção é devida ao Jockey Club de São Paulo, sociedade civil sem fins lucrativos com relação às refeições fornecidas a seus empregados?

Garantias e privilégios (cap. 6)

Caso 1

A empresa XYZ Financeira Ltda. alienou fiduciariamente a um terceiro dois veículos utilitários, no valor de R$ 60.000,00 cada, em 24 parcelas mensais. Dessa forma, durante o financiamento, os veículos permaneceram em propriedade da empresa XYZ, como garantia da dívida. Ocorre que a empresa XYZ está devendo ao estado do Rio de Janeiro, a título de ICMS, a importância de R$ 150.000,00, e não possui outros bens, além desses dois veículos, sendo que o financiamento ainda não foi quitado pelo terceiro, adquirente dos bens. Pergunta-se: podem esses veículos ser penhorados em execução fiscal, movida pelo estado do Rio de Janeiro em face da empresa XYZ, como garantia do crédito tributário?

Caso 2

A empresa Paulo Silva e Irmãos Cia. Ltda., do ramo de compra e venda de alimentos, diante das dificuldades financeiras e da impossibilidade de pagar nos prazos suas dívidas, inclusive tributárias, requer recuperação judicial. O juiz da Vara Empresarial indefere o pedido, visto que a empresa não comprovara estar quite com o fisco federal, estadual e municipal. Pergunta-se:

1) Agiu o juiz corretamente? Justifique na lei.
2) Se a parte requerente tivesse obtido a moratória de seus débitos em todos os níveis, poderia a recuperação ser deferida?
3) Se a empresa tivesse logrado suspender os débitos por liminar em mandado de segurança, poderia a recuperação ser deferida? E se fosse liminar em ação cautelar? Justifique.

Administração tributária. Certidões. Fiscalização (cap. 7)

Caso 1

Determinado município exigiu, como condição para participação em licitações, a apresentação, pelas empresas, de certidões positivas com efeitos de negativas de débitos tributários na esfera do referido município, do estado ao qual pertence e também em âmbito federal. Ocorre que, em vista de divergências entre os valores declarados em GFIP e aqueles pagos através de GPS, que, por terem valor mais alto, não foram reconhecidos pelo sistema, a Procuradoria da Fazenda Nacional indeferiu o pedido de certidão. Observando essa questão, responda:

1) O município pode exigir, para esta licitação, uma certidão em âmbito federal?
2) A Procuradoria da Fazenda Nacional está correta em indeferir o pedido de certidão?
3) Quais as providências cabíveis para que o contribuinte não tenha seu direito à participação na licitação prejudicado?

Caso 2

Em procedimento de fiscalização, determinada instituição financeira recusou-se a apresentar a movimentação bancária de um de seus correntistas sob os seguintes fundamentos: (1) sigilo profissional; (2) o valor movimentado estaria abaixo do limite de controle estabelecido pela legislação; (3) não foi ajuizada ação judicial obrigando a mesma a fornecer tais dados. Os argumentos procedem? Em caso negativo, a instituição financeira sofreria alguma sanção?

Conclusão

O bom manejo do direito tributário é uma arte que não apenas perpassa o conhecer das normas da tributação em si, mas também exige profundo conhecimento dos ditames de outros ramos do direito, como constitucional, civil, administrativo, ambiental e penal, assim como de outras áreas da ciência, como é o caso da economia e da contabilidade.

Tais interseções tornam o pleno conhecimento do direito tributário uma arte recheada de muito estudo e decorrente de um longo caminhar. Assim, este livro busca servir de auxílio na longa, árdua e prazerosa jornada que é a busca pelo conhecimento.

Como uma pedra de roseta, nosso trabalho irá guiá-lo pelo direito tributário a partir de seus fundamentos e predisposições constitucionais, passando pelo importantíssimo Código Tributário Nacional (CTN) e finalizando com os ditames infraconstitucionais (todos normas de incrível peso no sistema jurídico), sempre recordando a prática e a jurisprudência aplicada a cada caso, fazendo com que a leitura seja o mais vívida possível.

Antes de encerrar, citaremos uma clássica frase pronunciada em 1819 pelo juiz da Suprema Corte norte-americana

John Marshall: "*The power to tax involves the power to destroy*". Ressaltamos apenas que tal destruição só será possível se inexistirem fortes espíritos dispostos a lutar contra as injustiças. Portanto, o poder de tributar apenas envolverá destruição se dele afastarmos a Constituição, local onde vive o verdadeiro porto seguro de nosso atual estágio jurídico.

Referências

ALEXANDRE, Ricardo. *Direito tributário esquematizado*. 4. ed. São Paulo: Método, 2010.

AMARO, Luciano. *Direito tributário brasileiro*. 9. ed. São Paulo: Saraiva, 2003.

____. *Direito tributário brasileiro*. 12. ed. rev. e atual. São Paulo: Saraiva, 2006.

____. *Direito tributário brasileiro*. 14. ed. rev. São Paulo: Saraiva, 2008.

____. *Direito tributário brasileiro*. 16. ed. São Paulo: Saraiva, 2010.

BORGES, José Souto Maior. *Isenções tributárias*. São Paulo: Sugestões Literárias, 1969.

CARNEIRO, Cláudio. *Processo tributário (administrativo e judicial)*. 4. ed. São Paulo: Saraiva. 2013a.

____. *Curso de direito tributário e financeiro*. 4. ed. São Paulo: Saraiva. 2013b.

CARVALHO, Paulo de Barros. *Curso de direito tributário*. 4. ed. São Paulo: Saraiva, 1990.

____. *Curso de direito tributário*. 9. ed. rev. São Paulo: Saraiva, 1997.

____. *Direito tributário*: fundamentos jurídicos da incidência. São Paulo: Saraiva, 1999a.

____. *Curso de direito tributário*. São Paulo: Saraiva, 1999b.

____. *Curso de direito tributário*. 19. ed. São Paulo: Saraiva, 2007.

____. *Curso de direito tributário*. 24. ed. São Paulo: Saraiva, 2012.

COÊLHO, Sacha Calmon Navarro. *Liminares e depósitos antes do lançamento por homologação*: decadência e prescrição. São Paulo: Dialética, 2000.

____. *Curso de direito tributário brasileiro*. Rio de Janeiro: Forense, 2003.

____. *Curso de direito tributário*. 9. ed. Rio de Janeiro: Forense, 2010.

FERRAZ, Tércio Sampaio. Remissão e anistia fiscais: sentido dos conceitos e forma constitucional de concessão. *Revista Dialética de Direito Tributário*, São Paulo, n. 92, p. 67-73, 2003.

GOMES, Marcus Lívio. Extinção do crédito tributário. In: GOMES, Marcus Lívio; ANTONELLI, Leonardo Pietro (Coord.). *Curso de direito tributário brasileiro*. 2. ed. esp. São Paulo: Quartier Latin, 2010. v. 2.

JARDIM, Eduardo Marcial Ferreira. *Comentários ao Código Tributário Nacional*. Coord. Ives Gandra da Silva Martins. São Paulo: Saraiva, 1998. v. 2.

LOPES, Mauro Luís Rocha. *Execução fiscal e ações tributárias*. Rio de Janeiro: Lumen Juris, 2003.

MACHADO, Hugo de Brito. *Curso de direito tributário*. 10. ed. São Paulo: Malheiros, 1995.

____. *Curso de direito tributário*. 23. ed. São Paulo: Malheiros, 2002.

____. *Curso de direito tributário*. 25. ed. rev., atual. e ampl. São Paulo: Malheiros, 2004.

____. *Curso de direito tributário*. 30. ed. São Paulo: Malheiros, 2009.

MARTINS, Ives Gandra da Silva. Transação tributária realizada nos exatos termos do art. 171 do Código Tributário nacional [...]. *Revista Dialética de Direito Tributário*, São Paulo n. 148, p. 143-148, jan. 2008.

MELO, José Eduardo Soares de. *Curso de direito tributário*. São Paulo: Dialética, 1997.

MOREIRA, André Mendes. Da compensação de tributos administrados pela Receita Federal: evolução legislativa e modalidades. *Revista Dialética de Direito Tributário*, São Paulo, n. 95, p. 7-17, ago. 2003.

NOVELLI, Flavio Bauer. Anualidade e anterioridade da Constituição de 1988. *Revista de Direito Administrativo*, Rio de Janeiro, n. 179-180, p. 19-50, jan./jun. 1990.

OLIVEIRA, José Jayme de Macedo. *Código Tributário Nacional*: comentários, doutrina e jurisprudência. São Paulo: Saraiva, 1998.

PAULSEN, Leandro. *Direito tributário*: Constituição e Código Tributário à luz da doutrina e da jurisprudência. 9. ed. rev. e atual. Porto Alegre: Livraria do Advogado, 2007.

_____. *Direito tributário*: Constituição e Código Tributário à luz da doutrina e da jurisprudência. 12. ed. rev. e atual. Porto Alegre: Livraria do Advogado, 2010.

_____. *Direito tributário*: Constituição e Código Tributário à luz da doutrina e da jurisprudência. 13. ed. rev. e atual. Porto Alegre: Livraria do Advogado, 2011.

PREVITALLI, Cleide. *O processo tributário*. 7. ed. São Paulo: Revista dos Tribunais, 2011.

ROSA JR., Luiz Emygdio F. da. *Manual de direito financeiro e direito tributário*. 18. ed. rev. e atual. Rio de Janeiro: Renovar, 2005.

_____. *Manual de direito financeiro e direito tributário*. 20. ed. rev. e atual. Rio de Janeiro: Renovar, 2007.

_____. *Manual de direito tributário*. 20. ed. Rio de Janeiro: Renovar, 2009.

SABBAG, Eduardo. *Manual de direito tributário*. 4. ed. São Paulo: Saraiva, 2012.

SCHMIDT, Gustavo da Rocha. Privilégios do crédito tributário. In: GOMES, Marcos Livio; ANTONELLI, Leonardo Pietro (Coord.). *Curso de direito tributário brasileiro*. São Paulo: Quartier Latin, 2010. v. 3.

SEIXAS FILHO, Aurélio Pitanga. *Teoria e prática das isenções tributárias*. Rio de Janeiro: Forense, 1989.

SILVA, Caio Mario Pereira da. *Instituições de direito civil*: introdução ao direito civil; teoria geral de direito civil. 20. ed. Rio de Janeiro: Forense, 2004. v. I.

SIQUEIRA, Lia Maria Manso. O instituto da transação e sua aplicação no direito processual tributário. *Universo Jurídico*, Juiz de Fora, ano XI, 13 jun. 2011. Disponível em: <http://uj.novaprolink.com.br/doutrina/7679/o_instituto_da_transacao_e_sua_aplicacao_no_direito_processual_tributario>. Acesso em: 29 mar. 2012.

SOUSA, Rubens Gomes. *Compêndio de legislação tributária*. São Paulo: Resenha Tributária, 1975.

THEODORO JÚNIOR, Humberto. *Lei de Execução Fiscal*. 11. ed. São Paulo: Saraiva, 2009.

TORRES, Ricardo Lobo. *Curso de direito financeiro e tributário*. 11. ed. atual. Rio de Janeiro: Renovar, 2004.

ZAVASCKI, Teori Albino. *Antecipação de tutela*. 4. ed. rev. e ampl. São Paulo: Saraiva, 2005.

Organizadores

Na contínua busca pelo aperfeiçoamento de nossos programas, o Programa de Educação Continuada da FGV DIREITO RIO adotou o modelo de sucesso atualmente utilizado nos demais cursos de pós-graduação da Fundação Getulio Vargas, no qual o material didático é entregue ao aluno em formato de pequenos manuais. O referido modelo oferece ao aluno um material didático padronizado, de fácil manuseio e graficamente apropriado, contendo a compilação dos temas que serão abordados em sala de aula durante a realização da disciplina.

A organização dos materiais didáticos da FGV DIREITO RIO tem por finalidade oferecer o conteúdo de preparação prévia de nossos alunos para um melhor aproveitamento das aulas, tornando-as mais práticas e participativas.

Joaquim Falcão – diretor da FGV DIREITO RIO

Doutor em educação pela Université de Génève. *Master of laws* (LL.M) pela Harvard University. Bacharel em direito pela Pontifícia Universidade Católica do Rio de Janeiro (PUC-Rio).

Diretor da Escola de Direito do Rio de Janeiro da Fundação Getulio Vargas (FGV DIREITO RIO).

Sérgio Guerra – vice-diretor de ensino, pesquisa e pós-graduação da FGV DIREITO RIO

Pós-doutor em administração pública pela Ebape/FGV. Doutor e mestre em direito. *Visiting researcher* na Yale Law School (2014). Coordenador do curso International Business Law – University of California (Irvine). Editor da *Revista de Direito Administrativo* (RDA). Consultor jurídico da OAB/RJ (Comissão de Direito Administrativo). Professor titular de direito administrativo, coordenador do mestrado em direito da regulação e vice-diretor de ensino, pesquisa e pós-graduação da FGV DIREITO RIO.

Rafael Alves de Almeida – coordenador da pós-graduação *lato sensu* da FGV DIREITO RIO

Doutor em políticas públicas, estratégias e desenvolvimento pelo Instituto de Economia da Universidade Federal do Rio de Janeiro (UFRJ). *Master of Laws* (LL.M) em *international business law* pela London School of Economics and Political Science (LSE). Mestre em regulação e concorrência pela Universidade Candido Mendes (Ucam). Formado pela Escola de Magistratura do Estado do Rio de Janeiro (Emerj). Bacharel em direito pela UFRJ e em economia pela Ucam.

Colaboradores

Os cursos de pós-graduação da FGV DIREITO RIO foram realizados graças a um conjunto de pessoas que se empenhou para que ele fosse um sucesso. Nesse conjunto bastante heterogêneo, não poderíamos deixar de mencionar a contribuição especial de nossos professores e assistentes de pesquisa em compartilhar seu conhecimento sobre questões relevantes ao direito. A FGV DIREITO RIO conta com um corpo de professores altamente qualificado que acompanha os trabalhos produzidos pelos assistentes de pesquisa envolvidos em meios acadêmicos diversos, parceria que resulta em uma base didática coerente com os programas apresentados.

Nosso especial agradecimento aos colaboradores da FGV DIREITO RIO que participaram deste projeto:

Andrea Veloso Correia

Bacharel em direito pela Universidade do Estado do Rio de Janeiro (Uerj). Procuradora do município do Rio de Janeiro. Professora de direito tributário e uma das coordenadoras da pós-graduação em direito tributário da FGV DIREITO RIO.

Professora de direito tributário na Escola da Magistratura do Estado do Rio de Janeiro (Emerj).

Cláudio Carneiro

Doutor e mestre em direito tributário. Professor da FGV DIREITO RIO. Advogado e sócio de Carneiro & Oliveira Advogados. Membro da Comissão de Direito Tributário e Financeiro do Instituto dos Advogados do Brasil. Membro da Comissão de Direito Tributário da Escola da Magistratura do Estado do Rio de Janeiro (Emerj). Membro da Comissão de Assuntos Tributários da Ordem dos Advogados do Brasil (OAB/RJ).

Doris Canen

LL.M em tributação internacional pela Kings College London. Pós-graduada em direito tributário pela FGV. Consultora sênior em tributação internacional na EY – correspondente do Brasil na IBFD (Amsterdã).

Diego Fernandes Ximenes

Mestrando em direito pela Universidade do Estado do Rio de Janeiro (Uerj) na linha "finanças públicas, tributação e desenvolvimento". Atua como assistente de ensino e de pesquisa nos cursos de pós-graduação da FGV DIREITO RIO. Bacharel em direito pela Faculdade Ideal (Faci), de Belém (PA). Advogado. Assessor jurídico da Secretaria de Estado de Fazenda do Rio de Janeiro.

Eduardo Macari Telles

Mestre em direito tributário pela Universidade Candido Mendes (Ucam). Procurador do Estado do Rio de Janeiro. Advogado no Rio de Janeiro, sócio de Tauil & Chequer Advogados,

escritório de advocacia associado ao Mayer Brown. Coordenador e professor de direito tributário em cursos de pós-graduação da FGV. Professor de direito tributário em cursos de pós-graduação da Pontifícia Universidade Católica do Rio de Janeiro (PUC-Rio), da Ucam, da Universidade Federal Fluminense (UFF), da Escola da Magistratura do Estado do Rio de Janeiro (Emerj) e do Instituto Brasileiro de Mercado de Capitais (Ibmec).

Eliana Pulcinelli

Mestre em direito público e doutoranda em direito pela Universidade Estácio de Sá (Unesa). Pós-graduada em direito administrativo. Professora de direito tributário (FGV Law Program).

Lycia Braz Moreira

Mestre em direito tributário pela Universidade Candido Mendes (Ucam). Especialista em direito tributário pelo Instituto Brasileiro de Estudos Tributários (Ibet). Bacharel em direito pela Universidade do Estado do Rio de Janeiro (Uerj). Coordenadora do Curso de Pós-Graduação em Direito Tributário e do Curso de Extensão em Direito Processual Tributário da Ucam. Professora dos cursos de pós-graduação em direito tributário da FGV, da Pontifícia Universidade Católica do Rio de Janeiro (PUC-Rio) e da Universidade Federal Fluminense (UFF). Professora licenciada de direito financeiro e tributário da Ucam.

Marcelo Ludolf

Pós-graduado em direito tributário pelo Instituto Brasileiro de Estudos Tributários (Ibet). Graduado em direito pela Pontifícia Universidade Católica do Rio de Janeiro (PUC-Rio).

Tem curso de extensão em direito processual tributário pela Universidade Candido Mendes (Ucam). É membro da Ordem dos Advogados do Brasil (OAB/RJ), da Associação Brasileira de Direito Financeiro (ABDF) e do Grupo de Debates Tributários do Rio de Janeiro (GDT-Rio). Assistente de pesquisa nos cursos de pós-graduação da FGV DIREITO RIO. Advogado e associado de Basilio Advogados.

Maurício Andreiuolo

Formado pela Universidade do Estado do Rio de Janeiro (Uerj), na qual obteve o título de mestre em direito público. Procurador regional da República.

Maurício Faro

Mestre em direito pela Universidade Gama Filho (UGF). Bacharel em direito pela Universidade do Estado do Rio de Janeiro (Uerj). Especialista em direito tributário pelo Instituto Brasileiro de Estudos Tributários (Ibet) e sócio de Barbosa Mussnich e Aragão. Conselheiro titular do Conselho Administrativo de Recursos Fiscais (Carf) e presidente da Comissão de Direito Tributário da Ordem dos Advogados do Brasil (OAB/RJ).

Nilson Furtado de Oliveira Filho

Mestre em direito público pela Universidade do Estado do Rio de Janeiro (Uerj). Exerceu os cargos de técnico do Tesouro Nacional (hoje denominado analista tributário da Receita Federal), procurador do Instituto Nacional do Seguro Social (INSS) e procurador da Fazenda Nacional, ocupando atualmente o cargo de procurador do Estado do Rio de Janeiro e atuando como chefe da Assessoria Jurídica da Secretaria de Fazenda do Estado do Rio de Janeiro. Atua também como advogado no estado do Rio de Janeiro.

Raquel de Andrade Vieira Alves

Mestranda em finanças públicas, desenvolvimento e tributação pela Universidade do Estado do Rio de Janeiro (Uerj). Pós-graduada em direito financeiro e tributário pela Universidade Federal Fluminense (UFF). Graduada em direito pela Universidade Federal do Rio de Janeiro (UFRJ).

Renata da Silva França

Pós-graduanda em estudos literários pela Universidade do Estado do Rio de Janeiro (Uerj). Graduada em letras, com habilitação em português e literatura de língua portuguesa. Atua como revisora do material didático dos cursos de extensão e especialização da FGV DIREITO RIO.

Renata da Silveira Bilhim

Mestre em direito público pela Universidade Estácio de Sá (Unesa). Especialista em comércio internacional e desenvolvimento pelo Instituto de Pós-Graduação de Estudos Internacionais e Desenvolvimento de Genebra. Especialista em direito tributário pelo Instituto Brasileiro de Estudos Tributários (Ibet). Pós-graduada em direito público e privado, com ênfase em direito tributário, pela Escola da Magistratura do Estado do Rio de Janeiro (Emerj), especialista em direito processual tributário pela Universidade Candido Mendes (Ucam). Graduada em direito pela Pontifícia Universidade Católica do Rio de Janeiro

(PUC-Rio). Advogada, professora dos cursos de pós-graduação da FGV, da Emerj, da PUC-Rio, da Universidade Federal Fluminense (UFF), do Ibet e de outras instituições.

Tatiana Freu

Pós-graduada em direito tributário pela FGV, onde atua como assistente de pesquisa. Graduada em direito pela Universidade Federal do Rio de Janeiro (UFRJ).